航空装备保障数据分析技术及应用

张晓丰　祝　娜　李　超　孔庆旗　著

航空工业出版社

北　京

内容提要

航空装备保障数据是支撑航空装备使用与管理决策的宝藏。本书围绕基层航空装备保障数据分析中的几个典型管理决策问题展开，内容涉及可靠性数据分析、排故检测方案制订、飞机梯次使用控制、飞机使用与大修安排效果预测等方面，探索应用了故障率函数确定、故障树分析改进、飞机梯次状况与使用控制质量评估、飞机使用时间控制及分配方案评估、机群寿命补充与消耗仿真、航空发动机备份量决策等技术，可为航空装备保障领域问题的解决提供思路与方法参考。

本书注重通过数据分析技术与航空装备保障结合的若干场景与实例，展示数据分析广阔的应用前景，期望读者能够提高数据分析的意识，并不断加强探索的深度。

本书可作为航空装备保障与管理领域本科相关课程的辅助教材或任职培训教材，也可供从事装备保障与管理、数据分析等的工作人员参考使用。

图书在版编目（CIP）数据

航空装备保障数据分析技术及应用／张晓丰等著
.--北京：航空工业出版社，2024.2
ISBN 978-7-5165-3552-3

Ⅰ.①航… Ⅱ.①张… Ⅲ.①航空装备-装备保障-数据管理-研究 Ⅳ.①E154

中国国家版本馆 CIP 数据核字（2023）第 242700 号

航空装备保障数据分析技术及应用
Hangkong Zhuangbei Baozhang Shuju Fenxi Jishu ji Yingyong

航空工业出版社出版发行
（北京市朝阳区京顺路 5 号曙光大厦 C 座四层　100028）
发行部电话：010-85672666　010-85672683

北京天恒嘉业印刷有限公司印刷　　全国各地新华书店经售
2024 年 2 月第 1 版　　2024 年 2 月第 1 次印刷
开本：710×1000　1/16　　字数：174 千字
印张：12　　定价：80.00 元

前　　言

航空装备地位重要、技术先进、价格昂贵，需要科学地做好保障与管理工作。当今，数据已成为新时代的“石油”，航空装备保障中产生并积累了大量数据，要充分发挥航空装备的效能，需要对这些数据进行有效的分析和利用。本书从充分发挥航空装备保障数据作用与价值的需求出发，围绕该领域的若干代表性问题，从数据分析的视角开展研究，展示了数据分析技术探索应用的过程，为读者在相关领域开展数据分析工作提供参考。

本书共7章，内容涉及航空装备可靠性数据分析、基于故障数据提高排故效能、飞机梯次使用控制、飞机使用时间确定、飞机使用与大修预测等方面。各章主要内容如下：

第1章，介绍航空装备保障、数据分析等相关概念，为准确理解航空装备保障数据和开展数据分析工作奠定基础。

第2章，介绍从维修保障信息系统提取可靠性分析所需数据的过程，基于实际数据确定故障率函数类型及其参数的技术，展示了相关应用。

第3章，介绍故障树的概念，基于故障率函数、部件工作时间计算得到各部件瞬时故障率；在此基础上，分析了影响故障总排除时间的因素，提出以排故总时间期望最短为目标的故障检测顺序确定的方法。

第4章，介绍飞机梯次的概念与梯次使用控制基本要求，提出飞机梯次状况评估的若干方法，并从动态使用控制质量评估需求出发，提出梯次使用控制质量评估的几种方法。

第5章，围绕飞机年度、月份使用时间确定的问题展开，分析影响飞机使用时间安排的因素，介绍年度及月份使用时间确定的过程，构建了飞机使用时间分配方案评价指标体系，应用AHP方法进行方案评价，并给出了实例。

第6章，分析飞机使用、补充和送厂大修的宏观过程，建立了机群寿命补充与消耗的概念模型、Simio软件的仿真模型；运行仿真模型，对几种典型梯次状况下飞机使用策略、大修能力的影响等进行了研究。

第7章，分析航空发动机使用与流转过程，应用仿真技术分析发动机备份量与飞机完好率的关系，并基于成本、飞机完好率等因素，给出了航空发动机备份量决策的方法。

本书由张晓丰、祝娜、李超、孔庆旗著。张晓丰拟制纲目并完成第1章、第5章，祝娜完成第2章、第3章，李超完成第4、第6章，孔庆旗完成第7章。丁奕晨、罗环、殷子凡、刘扬、吴林卓等分别参加部分章节的编写。全书由张晓丰统稿，孔庆旗协助绘制了部分图表。书中所用数据均为示意数据，与实际单位或机型无关联。

本书涉及的业务问题可归为故障数据分析与利用、飞机发动机合理使用这两大类，仅仅是航空装备保障领域中很小的一部分。编写过程中，注重示范性、启迪性，通过若干领域问题的分析，期望读者能够思考和探索数据分析更加广泛而深入的应用，更好地促进航空装备保障与管理水平的提升。本书在写作过程中参阅了大量文献，吸收借鉴了相关研究成果，特此向相关单位和作者表示真挚的感谢和崇高的敬意。

本书的出版得到了航空工业出版社的大力支持，在此向航空工业出版社表示诚挚的谢意。

本书可作为航空装备保障与管理相关本科专业的辅助教材或任职培训教材使用，也可供从事装备保障与管理、数据分析等工作的相关人员参考使用。

由于数据分析业务性、综合性强，作者水平有限，书中错误和不妥之处在所难免，敬请广大读者批评指正。

作　者

2023 年 10 月

目　　录

第1章　概　　述

装备保障过程中持续产生大量数据，数据中又蕴含着规律和价值。航空装备作为一类作用突出、价值高昂、技术复杂的装备，保障过程产生和积累数据的价值更加珍贵，更需要进行数据分析。本章介绍航空装备保障数据分析及相关概念，为准确理解航空装备保障数据和开展分析工作奠定基础。

1.1　航空装备保障

航空装备（aviation equipment），是军队列编的航空器及其各种武器、设备和附件的统称，包括飞机、直升机、航空发动机、机载武器、航空电子设备及航空救生装备等。相比一般的装备，航空装备技术复杂度更高、价格更为昂贵、服役时间往往更长，因此，装备保障更为突出和重要。

装备保障（equipment support），是军队为满足作战及其他任务的需要而在装备调配、维修、经费等方面组织实施的保障。

航空装备保障（aviation equipment support）是装备保障概念的

一个子集。基于装备保障的概念，可以将航空装备保障定义为：国家和军队为满足军事斗争和军队建设对航空装备及其体系的需要，而采取的一系列保证性措施、活动及其组织的统称。

航空装备保障的任务，是充分发挥航空装备保障各种资源的作用，保证作战所需的航空装备得到适时补充、合理使用并经常保持良好状态，从航空装备物资、技术、经费、信息等方面，保障相关任务的顺利完成。在调配保障、经费保障方面，航空装备保障与通常的装备保障相似度较高。在维修保障方面，由于航空装备结构复杂、技术复杂，因此，较一般装备而言，维修技术要求高、管理复杂。

航空装备保障具有以下特点：

（1）组织指挥复杂。在信息化条件下，参战航空装备多样，保障力量构成多元，保障任务要求高、不确定性强，航空装备保障组织指挥复杂。

（2）技术性强。航空装备具有复杂的构造，往往应用了不少新技术，在高强度、多样化的使用条件下，故障机理复杂、交联密切，故障定位困难、排除难度大。此外，航空装备使用与保障，也具有涉及知识面广、技术要求高的特点。

（3）综合性强。航空装备保障不仅涉及主装备，还涉及弹药、器材等；不仅涉及部队修理，还涉及工厂大修、改装等。因此，保障对象涉及点多面广、综合性强。

（4）方式多样。航空装备保障的空间通常较为广阔，方式样式多样，机动性强。此外，多机种、多机型、多样条件下的保障不断加强。这些增加了航空装备保障方式的多样性。

1.2　航空装备保障数据

在航空装备保障过程中不断产生数据，这些数据在作业层、控制层和决策层都具有重要作用。

1.2.1　定义与分类

装备保障数据，是装备保障活动中所产生和涉及的与装备保障有关的数据。该概念通常有狭义、广义之分。狭义的装备保障数据，是指由装备保障系统自身产生的数据；广义的装备保障数据，包含装备保障系统自身所产生的内源数据，还包含外部系统产生的与装备保障相关的数据。

航空装备保障数据，是航空装备保障领域产生和积累的数据，即在航空装备保障指挥、调配保障、技术保障、经费保障和战场管理等活动与过程中产生的各类数据。

航空装备保障数据，通常以如下角度进行分类：

（1）按照载体主要形式分。按照其载体的主要形式，可以分为表单、文本、图形、多媒体数据等。表单类数据主要包括凭证、登记表、统计表、汇总表等。文本数据主要包括请示、报告、通知、通报、条令条例、标准制度，以及其他以文本为主的文电、办公文档和业务资料等。图形数据主要包括部署图、分布图、结构图、流程图等。多媒体数据主要包括图像、视频、音频等形式的数据。

（2）按照反映的内容分。按照反映的内容，航空装备保障数据通常可分为：航空装备基本数据、航空装备实力数据、航空装备使用数据、保障指挥数据、技术数据、储供数据、机构和人员数据、保障设备数据、保障费用数据，以及其他相关数据，如有关政策、法规、标准、制度和使用要求等。

1.2.2 作用

航空装备保障数据具有重要的作用。

（1）航空装备保障数据是联系保障相关单位的纽带。航空装备生命周期内涉及的单位多，不同单位之间相互联系和交流的基本载体是航空装备使用与保障相关的数据。比如，大修厂需要部队使用期间的飞机故障信息，以便准确判断设备、部件的状况；部队需要大修厂在大修过程中深度检测的结果，以便更好掌握设备状况；航材保障部门需要故障统计数据，以做好航材需求预测与筹措储存工作；维修部门需要航材保障库存数据，以便决定更换机件还是从其他飞机上借件。

（2）航空装备保障数据是评价航空装备质量的客观依据。航空装备质量状况是影响航空装备作战效能的关键之一，因此，航空装备质量评估非常重要。开展质量评估需要丰富的质量数据进行支撑，航空装备保障数据就成为了评价航空装备质量的客观依据。

（3）航空装备保障数据是掌握航空装备保障状况与效能的基石。航空装备保障数据是航空装备保障活动在信息世界中的反映，是掌握保障状况、保障效能的基础。尤其对于航空装备保障的机关而言，要了解保障活动状况、保障计划落实情况、保障效能等，通常无法到现场查看，大部分需要通过航空装备保障数据来进行。

（4）航空装备保障数据是实现保障自主化的关键。航空装备越来越强调自主式保障，航空装备保障自主化至少具有三个方面的特征：一是保障态势感知精准。主要是依托基层航空装备保障信息系统的数据输入，运用传感器、图像识别、语音分析、定位等技术实现。二是保障过程管控自主高效。在准确感知航空装备状态的基础上，自主开展保障方案实施过程监控，还要进行高效、深入的人机交互，以便于使用者、管理者反馈当前状况等。三是保障方案制订自主科学。以保障整体态势为依据，自主形成保障方案，并能对方案进行评估、分析，供管理者和决策者决策使用；全程开展动态验证并自主调整规划。无论是态势感知、过程管控，还是方案制订等，都离不开航空装备保障数据。

简而言之，航空装备保障活动离不开信息，数据作为信息的载体，是保障工作计划、组织开展实施工作、组织开展质量效能评价等的基础，航空装备保障数据已经成为保障单位、保障系统的战略性、基础性资源。

1.2.3 性质

由于航空装备结构、保障过程复杂，涉及部门多，因此保障过程中积累的航空装备保障数据具有以下性质。

（1）客观性。这是数据的一般性质的体现。航空装备保障数据反映了航空装备及其保障活动中相关事物的属性、状态或者规律。

（2）多样性。航空装备保障涉及部门、人员多，环节复杂，而且航空装备、部分保障装设备内部构造复杂，产生的数据需要适应不同类型的需求，因此结构多样、格式多样，数据涵盖内容的广度、深度及精确度，以及数据生成的频率等都有很大的差别。

（3）分散性。航空装备保障数据一部分来自各级保障机关

（部门）、保障部队（分队）的活动，一部分来自航空装备及相关附属设备、保障装备等，一部分来自修理工厂、制造工厂、设计院所以及配套场所等，涉及面广，数据来源分散度高。

（4）关联性。航空装备全寿命周期各阶段、各领域产生的数据，虽然分散、多样，但在逻辑上又由航空装备及其保障活动按照时间轴为主线牵连，数据之间往往相互联系、相互影响，具有较强的关联性。

（5）处理复杂性。航空装备保障是一个动态的过程，在保障活动中，随时都可能产生航空装备保障数据，具有很强的随机性。而数据在不同部门、单位之间要流转、发挥价值，还需要复杂的交互，需要制定相应的制度与政策。要发挥数据的价值，还需要深入进行数据分析，有目的地进行收集、筛选、整理并加以科学地分析处理，从而转换为对决策或管理有用的信息。这一过程需要复杂的处理。

（6）保密性。航空装备相关的很多信息涉及军事秘密，因此航空装备保障数据对保密性提出了很高的要求。

1.3 航空装备保障数据分析

1.3.1 概述

数据分析（data analysis）是有目的地收集数据、分析数据并使之成为信息的过程。百度百科将数据分析定义为“为了提取有用信息和形成结论而对数据加以详细研究和概括总结的过程”。也可以认为，数据分析是选择适当的方法研究数据，并从数据中提取有用信息进而得出结论的过程。与数据分析密切关联的过程还有数据收集（取得数据）、数据处理（将数据用图表等形式展示出来），这些工作可以认为是广义的数据分析中的一部分。

航空装备保障数据分析，是选取适当的方法，对航空装备使用与保障阶段积累的数据进行研究，从数据中提取有用信息进而得出结论的过程。在这一过程中，必要时还可能包括数据采集、数据整理与转换等工作。

通常，按照性质的不同，可以把数据分析分为描述性统计分析、验证性数据分析和探索性数据分析等三类。其中，描述性统计分析研究的是数据收集、处理、汇总、图表描述、概括与分析等统计方法。验证性数据分析侧重于已有假设的证实或证伪。探索性数据分析侧重于在数据之中发现新的特征，它是由美国著名统计学家约翰·图基（John Tukey）提出并命名的，是对传统统计学假设检验手段的补充。

根据分析对象的不同，可以把数据分析分为定性数据分析、定量数据分析。针对诸如文本、图像等非数值型数据的分析，通常称为“定性数据分析”。与之相对应，定量数据分析，是指对于常见的定量数据的分析。

1.3.2 分析过程

航空装备保障数据分析，往往是航空装备保障或航空装备管理等宏观活动中的一个部分。比如，研究制定飞机完好率提升的措施这一活动中，分析影响飞机完好率的主要因素，就是典型的数据分析。其目的是找到影响完好率的主要措施，确保所制定措施的针对性和有效性。通常，这一过程可以用图1-1来描述。

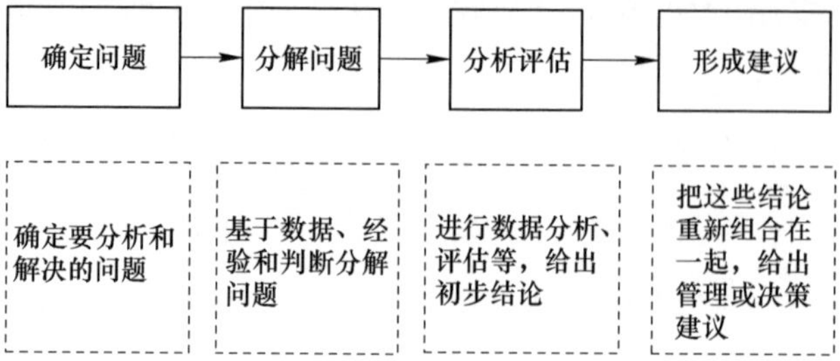

图 1-1　分析并解决问题的一般过程

如果忽略问题的应用背景，数据分析过程通常可以用图 1-2 来表示。

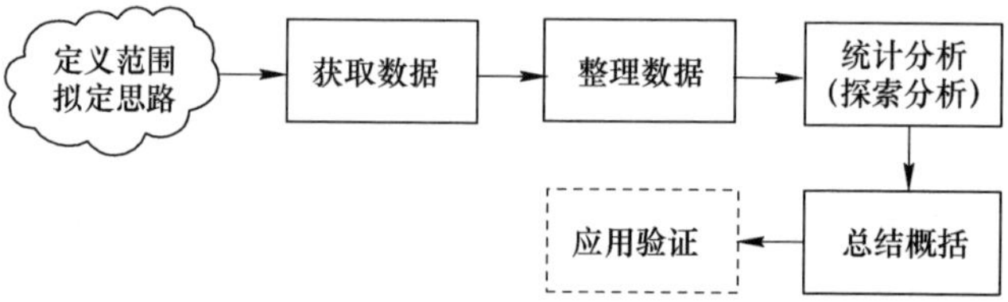

图 1-2　数据分析的一般过程

（1）定义范围与拟定思路

要做好数据分析工作，需要定义好问题的范围，拟定数据分析的思路。对于涉及范围广、持续时间长的工作，还需要拟定详细的数据分析计划。因此，可以认为，数据分析始于定义范围和拟定思路。定义范围、拟定思路，实际上是为数据分析提供了输入。它们是确保数据分析过程有效性的首要条件，为收集数据、分析数据提供方向和目标。在定义范围与拟定思路中，要注意：

①将思路转化为具体的要求。比如，评价供方时，要将获取供方数据，细化到获取供方过程能力、顾客测量系统不确定度等相关数据。

②在确定数据需求的基础上，要明确数据获取的渠道、方法、

时限、周期以及负责单位或负责人等。

（2）获取数据

获取数据是有目的地收集数据。在一些情况下，没有直接可用的数据，这时需要采用表格、问卷等方式得到数据。如果要研究的对象范围太广、个数太多而无法全部获得，还要采用科学的采样方法，利用较少的样本来反映总体的特性。

（3）整理数据

得到的数据根据数据分析目的的不同，往往需要进行不同的整理和预处理。数据的预处理是在对数据分类或分组之前所做的必要的处理，内容包括数据的审核、筛选、排序等。比如，对数据进行排序来初步分析数据的规律，或者以定性定量的方式描述数据整体情况。

①数据审核。数据审核是检查数据中是否有错误，主要从完整性和准确性两方面进行。完整性审核主要是检查数据记录、数据项目等是否有遗漏。准确性审核主要是检查数据是否有错误，是否存在异常值等。对于可能异常的数据要仔细甄别：如果异常值属于记录错误，应予以纠正；如果异常值是一个正确的值，则应予以保留。

②数据筛选。数据筛选是找出符合条件的某些数据。比如，找出年均故障数在20次以上的飞机。

③数据排序。数据排序是按一定顺序将数据排列，以便发现一些特征或趋势，找到解决问题的线索，或者方便数据纠错、重新归类或分组等。

此外，在一些情况下，数据预处理还包括度量单位统一化和数据归一化等内容。

（4）统计分析或探索性分析

统计分析或者探索性分析是数据分析的主体工作。

（5）总结概括与应用验证

统计分析或探索性分析得到的结果需要进行总结概括，并在实践中进行检验。

值得注意的是探索性分析，它对调查、观察所得到的一些初步的杂乱无章的数据，在尽量少的先验假定下进行处理，通过作图、制表等形式和方程拟合、计算某些特征量等手段，探索数据的结构和规律。探索性数据分析往往需要多种尝试及相应的验证。这一过程如图 1–3 所示。

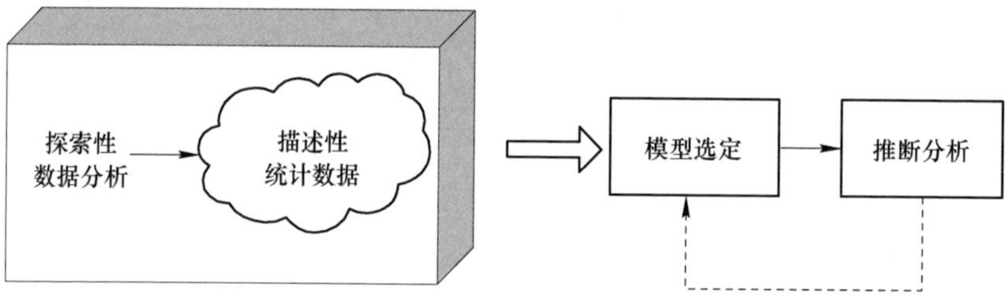

图 1–3　探索性数据分析的步骤

模型选定，是在探索性分析的基础上提出一类或几类可能的模型，然后通过进一步的分析从中挑选一定的模型。推断分析则是在此基础上，使用数理统计方法对选定模型或估计的可靠程度和精确程度做出推断。由于探索性数据分析的特点，这两项工作可能需要多次进行。

1.3.3　常用技术

按照应用目的的不同，可以将航空装备保障数据分析技术大致分为统计分析、数据挖掘、仿真分析及数据可视化等几类。

1.3.3.1　统计分析技术

统计分析技术主要是指传统统计学对应的技术。统计学提供了一套有关数据收集、处理、分析、解释并从数据中得出结论的方法。统计学中，通常把数据统计分析分为描述统计、推断统计、方差分析、相关与回归分析、主成分与因子分析、时间序列分析等。

（1）描述统计。主要包括数据频数分析、集中趋势分析、离散程度分析、数据分布，以及统计图形等。

（2）推断统计。研究利用样本数据推断总体特征的统计方法，包括参数估计和假设检验。

（3）方差分析。方差分析最初来自对实验设计数据的分析，通过对数据误差的分析，检验效应是否显著。

（4）相关与回归分析。相关分析研究随机变量之间是否存在关系及其关系强度，通常采用皮尔逊相关系数、斯皮尔曼相关系数等进行分析。回归分析则是通过适当的数学模型将变量间的关系表达出来，常用的方法有线性回归、罗杰斯蒂回归、多项式回归、逐步回归等。

（5）主成分与因子分析。主成分分析通过考察变量间的相关性，找到少数几个主成分来代表原来的多个变量。因子分析是找出能综合原始变量的少数几个因子，使少数因子能够反映原始变量的绝大部分信息的一类方法，可以看作是主成分分析的扩展。

（6）时间序列分析。将趋势、季节性、周期性、不规则波动等成分从时间序列中分出来，并将它们之间的关系用一定的数学关系式表达，分别进行分析。时间序列分析可分为平稳序列分析和非平稳序列分析两大类。平稳序列是指基本上不存在趋势的序列，常用的方法有简单平均法、移动平均法和指数平滑法。非平稳序列是指包含趋势、季节性或周期性的序列，常用的分析方法有线性趋势模型、非线性趋势模型和自回归模型等。

1.3.3.2 数据挖掘技术

从大量的数据中采掘到有用信息的方法通常称为“数据挖掘”（data mining，DM）。通过数据挖掘，可以从数据中提取有趣的知识或规律，并可以从不同角度观察或浏览。发现的知识可以用于决策、过程控制、信息管理、查询处理等。狭义的理解认为，数据挖掘只是对经过预处理的数据进行处理、抽取知识的一个过程。

数据挖掘的常见技术有：

（1）数据分类

数据分类的目的是通过一个分类函数或分类模型（常称作分类器）将待分类数据集中的数据映射到某一个给定的类别中。

数据分类的基本目标就是构造分类器。基本做法是：用一定数量的样本，给出一套分类判别准则，使得按照这套判别准则进行数据分类所造成的识别错误率最小或引起的损失最小；训练完毕之后，对任何一个样本都可以利用分类器将它归到某一类别。

数据分类的常用算法有决策树、Bayes、SVM、人工神经网络和粗糙集方法等。

（2）聚类方法

数据聚类是无指导学习（unsupervised learning）中的一个子集，其主要特点是不依赖预先定义的类信息作为指导，即所研究的数据没有类别标签。数据聚类的过程是按照某个特定标准（通常是某种距离）把一个数据集分割成不同的类，使得类内相似性尽可能大，类间的区别性也尽可能大。

数据聚类的方法主要分为以下几类：

①划分方法（partitioning method）。该类方法首先得到一个初始划分，然后采用迭代重定位技术，试图通过将对象从一个簇移

到另一个簇来改进划分质量。代表性的方法是 K-means 和 K-medoids。

②层次方法（hierarchical method）。分为分裂法和聚合法：前者先把整个实例集作为一个类，逐渐分裂；后者把实例集中的每个实例看作一个单独的类，再自下而上地合并。常见的方法有 BIRCH、CURE 和Chameleon。

③基于密度的方法（density-based method）。根据密度的概念而不是通常使用的距离来聚类对象。常见的方法有 DBSCAN、DENCKUE 和 OPTICS。

④基于网格的方法（grid-based method）。首先将对象空间划分为有限数目单元形成的网格结构，然后在网格结构上进行聚类。常见的方法有 STING、CLIQUE 和 waveCluster。

⑤基于模型的方法（model-based method）。首先对每个簇假设一个模型，然后进行数据与模型的最佳匹配。代表性的方法有 COBWEB、CLASSIT 和 AutoClass。

（3）文本挖掘

文本挖掘与其他挖掘的不同在于，文本挖掘的对象是半结构化数据，它既不是完全无结构化的，也不是完全结构化的。例如，一个文档中可能包含标题、作者、出版日期、长度、分类等结构化字段，也可能有摘要、正文等非结构化的成分。文本挖掘的内容主要有文本检索、文档分类、自动摘要及自然语言处理等。

1.3.3.3　大数据分析技术

大数据（big data），指无法在一定时间内用常规软件工具进行捕捉、管理和处理的数据集合，是需要新处理模式才能具有更强决策力、洞察力和流程优化能力的海量、高增长率和多样化的信息资产。通常认为，大数据具有“5V”特征，即 Volume（大量）、Velocity（高速）、Variety（多样）、Value（价值密度）、Veracity（真实性）。

大数据分析流程主要有数据收集、数据预处理、数据处理、数据分析、数据呈现与应用。

（1）数据收集

在数据收集过程中，数据源会影响大数据的质量，影响甚至决定其真实性、完整性、一致性和准确性。

（2）数据预处理

大数据采集过程中通常有一个或多个数据源，这些数据源包括同构或异构的数据库、文件系统、服务接口等，经常受到噪声值、缺失值的影响，数据之间甚至存在冲突需要消解。因此，收集到的大数据需要进行预处理，以保证大数据的质量。

（3）数据处理

数据的分布式处理技术与存储形式、业务数据类型等相关，针对大数据处理的计算模型主要有 MapReduce 分布式计算框架、分布式内存计算系统、分布式流计算系统等。

（4）数据分析

大数据分析技术主要包括已有数据的分布式统计分析技术和未知数据的分布式挖掘、深度学习技术等。分布式统计分析可由数据处理技术完成，分布式挖掘和深度学习技术主要包括聚类与分类、关联分析、深度学习等。在具体技术层面，大数据分析与数据挖掘技术有一定的重叠性。

（5）数据呈现与应用

数据呈现是指将大数据分析与预测结果以计算机图形或图像的方式直观显示给用户并与用户交互的过程。数据呈现中有一类技术称为数据可视化。通过可视化，可大大提高大数据分析结果的直观性，有利于发现大量业务数据中隐含的规律，便于用户理解与使用。

1.3.3.4 仿真分析技术

在现实问题研究中，人们经常使用理论推导、实物实验这两类方法，但有时这两类方法可能无法应用。比如，有时无法建立某一曲线对应的数学模型，或者因为诸多条件的限制，物理实验无法实施。在这些情况下，可以考虑借助仿真建立一个系统加以研究分析。

系统仿真（system simulation）是以系统技术、相似原理、信息技术及相关领域技术作为基础，以计算机和仿真器为基本工具，通过使用系统模型对真实存在或者假想的系统加以研究的综合性技术。系统仿真构造出既能够反映所研究对象基本特性又符合研究要求的模型，再对这一模型进行分析，以揭示所研究对象的运行规律或性质等。系统仿真分析技术应用的过程如图 1-4 所示。

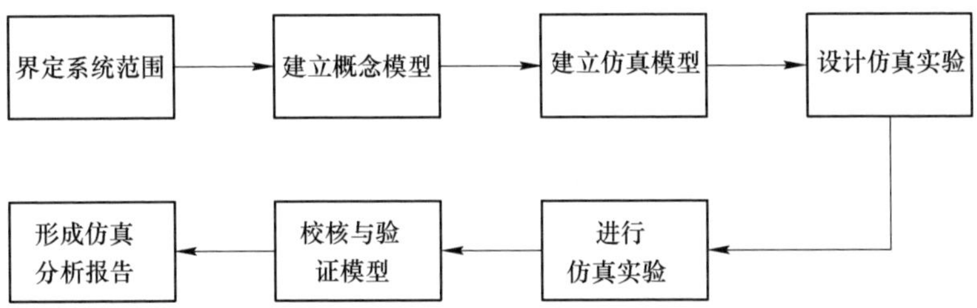

图 1-4　系统仿真的一般过程

（1）界定系统范围。明确仿真研究的范围、目的。

（2）建立概念模型。在收集相关数据、理解现实系统运转流程的基础上，建立系统的概念模型。

（3）建立计算机仿真模型。利用仿真软件，根据概念模型建立计算机仿真模型。

（4）设计仿真实验。对仿真实验的参数、控制过程等进行设计。

（5）进行仿真实验。运行仿真系统，进行仿真实验。

（6）校核与验证模型。用假定数据验证模型，看能否输出预期结果，以保证模型的逻辑正确性，同时也要考察仿真模型是否符合现实情况。

（7）形成仿真分析报告。对仿真实验结果进行分析，形成分析报告，为决策提供建议。

1.3.3.5 数据可视化技术

数据可视化（data visualization），指运用计算机图形学和图像处理技术把数据转换为图形或图像显示出来并进行交互处理的理论、方法和技术。数据可视化涉及计算机图形学、图像处理、计算机辅助设计、计算机视觉及人机交互技术等多个领域。

数据可视化概念来自科学计算可视化（visualization in scientific computing），随着计算机技术的发展，数据可视化概念大大扩展。其含义也逐渐转变为通过可视化技术发现大量数据中隐含的规律，从而为决策提供依据。

数据可视化技术的主要特点是：

（1）交互性。用户可以方便地以交互的方式管理和开发数据。

（2）可视性。数据可以用图像、曲线、二维图形、三维体和动画来显示，并可对其模式和相互关系进行可视化分析。

（3）多维性。可以看到表示对象或事件的数据的多个属性或变量，而数据可以按其每一维的值进行分类、排序、组合和显示。

在数据分析中，数据通过可视化能更好地激发人的形象思维，可以在人与数据、人与人之间实现图像通信，从而使人们能够观察到数据中隐含的现象，为发现和理解科学规律提供有力工具。尤其是对于从海量数据中找出隐藏的规律，数据可视化可以大大加快数据的处理速度。

1.3.4 分析视角

开展航空装备保障数据分析时，需要选择合适的分析视角。通常，可以考虑从以下视角进行。

（1）整体描述

整体描述用来对数据的全局性特征进行分析，获取事物的特征与规律，或者为进一步分析奠定基础。通常需要得到数据的平均值、中位数、标准偏差、方差、极差等。这一思路比较简单，且一般是其他分析的基础。

（2）构成分析

构成分析用来对构成事物的组成部分进行分析。比如，应用多种方法分析导致质量问题发生的各种原因的占比。构成分析通常帮助发现哲学中经常提到的“主要矛盾”。帕累托定律、“二八定律”都可以看作是有关“主要矛盾”的表述，虽然表述内容有所区别，但实质接近，都表明关键的少数产生了大部分结果。

（3）关联分析

关联分析用来对事物之间的联系和关系进行分析。比如，对导致结果形成的原因等进行分析，对两类事物之间数量的相关性进行相关分析，对事物在时间、空间等出现的相关性、依赖性等进行分析。

（4）时间空间分布分析

从时间维度、空间维度对事物分布的规律性进行分析。比如，对故障数量随时间变化规律的分析，不同地区故障率的分析等。在时间分布分析中，若时间的单位固定为季节，就形成了比较特殊的一类分析——季节分析。

（5）对比分析

对比分析时通过比较两事物或更多事物的差异，从中发现规律。比如，在质量改进活动中，应用的新材料、新工艺是否有效，都需要与应用前的状态进行比较，这可能用到假设检验、显著性检验、方差分析等。对比分析可以采取纵向对比、横向对比的方式进行。纵向对比分析，如本期与上期对比、与历史先进水平对比、与历史平均水平对比等。横向对比是指现象之间的对比分析，如同类对象在不同空间的对比、部分与总体的对比等。进行对比分析时，指标应具有可比性。横向对比与纵向对比一般结合使用。

上述分析视角相互组合，可以形成更为复杂的复合视角。比如，不同地区、导致飞机故障的机件的构成分布的规律，就是构成分析、空间分析两个视角结合在一起的分析。

1.4 本书主要内容与结构

本书介绍航空装备保障数据分析及相关概念、一般过程，在此基础上，围绕航空装备保障数据分析领域的典型问题展开，内容包括航空装备可靠性数据分析技术、故障树分析技术、飞机梯次状况评估与使用控制质量评估技术、飞机使用时间确定方法以及飞机机群寿命管理仿真分析技术、发动机备份量决策技术。本书的主要内容及其关系如图 1-5 所示。

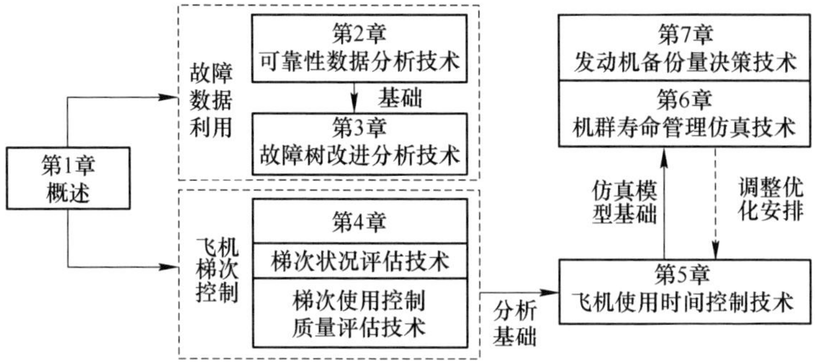

图 1-5　本书主要内容及其相互关系

各章涉及的业务知识及数据分析相关技术如图 1-6 所示。

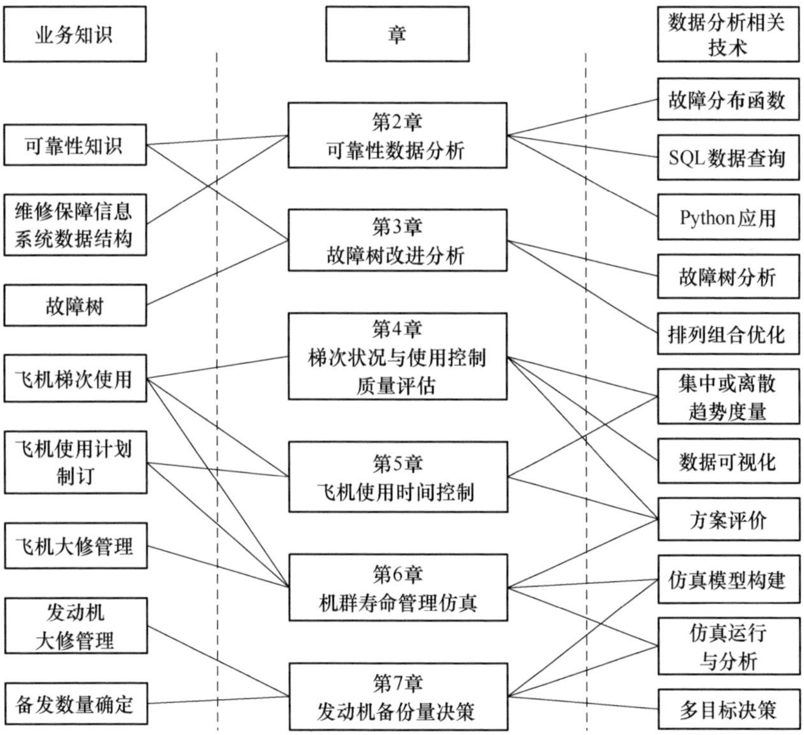

图 1-6　本书各章与业务知识及主要相关技术的关系图

第 2 章　航空装备可靠性数据分析技术及应用

航空装备结构复杂，使用环境恶劣，可靠性要求高。要确保高可靠性，需要加强可靠性设计与验证工作。在航空装备保障数据分析中，最基础的数据分析工作就是可靠性数据分析。本章介绍可靠性的概念、常用度量，以及从实际应用的保障信息系统提取数据确定故障率函数的技术。

2.1　可靠性概念及度量

2.1.1　可靠性的概念

可靠性（Reliability）是“产品在规定的条件下和规定的时间内，完成规定功能的能力”。

其中，“产品”既可以是飞机，也可以是发动机系统、飞控系统或某一种部件。

“规定的条件”，指产品完成规定功能的约束条件，包括环境条件、负荷条件、使用维修条件和工作方式等。在不同的使用条件下，同一产品的可靠性就不一样。对于电子类元器件部件而言，工作在高温潮湿环境和常温干燥环境下，它们的可靠性结果可能相差几十倍。

“规定的时间”，通常是广义的时间或“寿命单位”，具体可以是飞行小时、起落次数，也可以是射击次数（如火箭弹发射器），也可以是年月（如导弹存储年限）等。产品的可靠性是时间的函数，因此，时间是可靠性定义的核心。

“规定的功能”，是指产品的性能指标及其发挥的作用。在界定产品“规定的功能”时应当强调：①明示性。功能要有明确的界定，通常指按产品技术文件规定的功能。②多样性。一些产品的功能不是某项单一的功能，而是具有若干项功能，因此，功能指规定的全部功能，而不是其中的部分功能。③判断准则。规定功能要包括故障或完成功能的判断准则。

从设计角度出发，可靠性可分为任务可靠性和基本可靠性。任务可靠性是指装备在规定的任务剖面内完成规定功能的能力。任务剖面是指装备在完成规定任务这段时间内所经历的事件和环境的时序描述，一般包括产品的工作状态、维修方案、工作的时间顺序、产品所处环境的时间顺序。对于通常要完成多种任务的航空装备而言，对每一种任务都要制定对应的任务剖面。任务可靠性越高，则表示完成规定任务的概率越高。任务可靠性常用任务可靠度和严重故障间的任务时间（mission time between critical failure，MTBCF）来度量，它是影响航空装备作战效能的因素。基本可靠性是指装备在规定条件下，无故障运行的持续时间或概率，主要用于度量装备无须保障的工作能力，通常用平均故障间隔时间（mean time between failure，MTBF）来度量。一般情况下，同一航空装备的任务可靠性高于或等于其基本可靠性。

从应用角度出发，可靠性分为固有可靠性和使用可靠性。固有可靠性是装备在设计和制造过程中赋予的、在理想的使用及保障条件下的可靠性。使用可靠性是装备在实际使用过程中所呈现出来的可靠性，它受设计、制造、使用、维修保障及环境等多种因素的影响。

2.1.2 可靠性常用度量

可靠性常用的量度有可靠度、故障分布函数、故障分布密度函数、故障率、平均寿命和可靠寿命等。对于使用过程中可以修复或通过更换新的零件附件而完全恢复原来使用性能的产品而言，还有维修性、可用性等量度。

2.1.2.1 MTBF

平均故障间隔时间（MTBF）是衡量一个产品的可靠性指标，它反映了产品的时间质量，是体现产品在规定时间内保持功能的一种能力。通常用在统计区间内总工作时长与故障发生次数之比来计算，公式为

$$\mathrm{MTBF} = T/n \tag{2-1}$$

式中：T——总工作时间；

n——故障发生次数。

2.1.2.2 可靠度与不可靠度

产品在规定的时间 t 内和规定的条件下，完成规定功能的概率称为产品的可靠度函数，简称可靠度，记为 $R(t)$，有

$$R(t) = P(T > t) \tag{2-2}$$

$R(t)$ 具有以下性质：

(1) $0 \leqslant R(t) \leqslant 1$，即 $R(t)$ 的取值在 0 与 1 之间。

(2) $R(0) = 1$，即产品开始工作时完全可靠。

(3) $R(\infty)=0$，即产品最终都会发生故障。

(4) $R(t)$ 是 t 的非增函数，即随使用时间增加，产品可靠性不可能提高。

根据数理统计知识可知，当统计的同类产品数量较大时，概率可以用频率进行估计。从0时刻，有 N 个产品开始工作，在 t 时刻时，有 $N_f(t)$ 个产品故障、$N_s(t)$ 个产品继续工作，则

$$R^*(t)=N_s(t)/N=[N-N_f(t)]/N=1-N_f(t)/N \quad (2-3)$$

可以作为 t 时刻可靠度的近似值。

与可靠度相对应，产品在规定的条件下和规定的时间 t 内，丧失规定功能（即发生故障）的概率，称为产品的故障概率，也称为不可靠度，记为 $F(t)$。

设产品的寿命为 T，t 为规定的时间，则

$$F(t)=P(T\leqslant t) \quad (2-4)$$

$F(t)$ 可以理解为产品在 t 时刻前发生的概率，因此，也称为“累积故障分布函数”。$F(t)$ 具有以下性质：

(1) $0\leqslant F(t)\leqslant 1$，即 $F(t)$ 的取值在0与1之间。

(2) $F(0)=0$，即产品开始工作时故障数是0。

(3) $F(\infty)=1$，即产品最终全部都会发生故障。

(4) $F(t)$ 是 t 的非减函数，即随使用时间增加，产品不可靠性不可能降低。

$R(t)$、$F(t)$ 是两个对立事件的概率，因此有

$$R(t)+F(t)=1 \quad (2-5)$$

$F(t)$ 也可以进行估计

$$F^*(t)=N_f(t)/N=[N-N_s(t)]/N=1-N_s(t)/N \quad (2-6)$$

2.1.2.3　故障密度函数

要确定 $R(t)$，可以对 $F(t)$ 进行研究和计算。而 $F(t)$ 与故障

密度函数密切相关。

故障密度函数，是故障分布密度函数的简称。在规定条件下使用的产品，在时刻 t 后一个单位时间内发生故障的概率称为产品在时刻 t 的故障密度函数，记为 $f(t)$，即

$$
\begin{aligned}
f(t) = \lim_{\Delta t \to 0} \frac{P\{t < T \leqslant t + \Delta t\}}{\Delta t} = \\
\lim_{\Delta t \to 0} \frac{P\{T \leqslant t + \Delta t\} - P\{T \leqslant t\}}{\Delta t} = \\
\lim_{\Delta t \to 0} \frac{F(t + \Delta t) - F(t)}{\Delta t} = F'(t) \qquad (2\text{-}7)
\end{aligned}
$$

式中，$P\{t < T \leqslant t + \Delta t\}$ 表示产品在 $(t,\ t + \Delta t)$ 区间内发生故障的概率。

$f(t)$ 具有如下性质：

(1) $\int_0^{+\infty} f(t)\mathrm{d}t = 1$，即 0 到 $+\infty$ 上，$f(t)$ 的积分等于 1，通常称为归一性。

(2) $f(t) \geqslant 0$，即非负性。

$f(t)$ 也可以用频率变化率来估计，即在时刻 t 后一个单位时间内的故障数与总数之比

$$
f^*(t) = \frac{N(t + \Delta t) - N_f(t)}{N} \times \frac{1}{\Delta t} = \frac{\Delta N_f(t)}{N} \times \frac{1}{\Delta t} \qquad (2\text{-}8)
$$

式中，$\Delta N_f(t)$ 为 t 到 $t + \Delta t$ 的 Δt 时间间隔内故障的数量。

2.1.2.4 故障率函数

在时刻 t 正常工作的产品在其后单位时间内发生故障的条件概率，称为产品在时刻 t 的瞬时故障率，简称故障率，记为 $\lambda(t)$。它表示若 t 时刻还没有发生故障，那么该时刻后单位时间内发生故障的概率。

$$\lambda(t) = \lim_{\Delta t \to 0} \frac{P\{t < T \leqslant t + \Delta t \mid T > t\}}{\Delta t} \tag{2-9}$$

$\lambda(t)$ 还可表示为

$$\lambda(t) = \frac{f(t)}{R(t)} \tag{2-10}$$

故障率也可以用频率来估计。若 0 时刻有 N 个产品开始工作，在 t 时刻有 $N_f(t)$ 个产品发生了故障、$N_s(t)$ 个产品继续工作，到 $t+\Delta t$ 时间有 $N_f(t+\Delta t)$ 个产品出现故障，则

$$\lambda^*(t) = \frac{\Delta N_f(t)}{N_s(t)} \times \frac{1}{\Delta t} = \frac{N_f(t+\Delta t) - N_f(t)}{N - N_f(t)} \times \frac{1}{\Delta t} \tag{2-11}$$

故障率的度量单位是“时间”的倒数。此处的“时间”，可能是飞行小时、起动次数、击发次数等，因此，$\lambda(t)$ 的量纲可能是 1/飞行小时、1/击发次数等。

2.1.2.5　可靠性常见度量之间的关系

$f(t)$ 和 $\lambda(t)$ 都可以反映产品故障发生的变化过程，前者反映的是产品单位时间发生故障的概率，后者反映的是产品单位时间发生故障的条件概率，因此，$\lambda(t)$ 更加灵敏。

$\lambda(t)$ 与 $R(t)$、$F(t)$ 和 $f(t)$ 的关系为

$$\lambda(t) = \frac{F'(t)}{R(t)} = \frac{f(t)}{R(t)} = -\frac{R'(t)}{R(t)} \tag{2-12}$$

若已知 $F(t)$ 或 $f(t)$、$R(t)$，可以求得 $\lambda(t)$。也可由 $\lambda(t)$ 得到 $F(t)$、$f(t)$ 或 $R(t)$。

$$R(t) = \mathrm{e}^{-\int_0^1 \lambda(t)\mathrm{d}t} \tag{2-13}$$

$$F(t) = 1 - R(t) = 1 - \mathrm{e}^{-\int_0^1 \lambda(t)\mathrm{d}t} \tag{2-14}$$

$$f(t) = F'(t) = \lambda(t)\mathrm{e}^{-\int_0^1 \lambda(t)\mathrm{d}t} \tag{2-15}$$

2.2 常用故障分布

产品故障分布规律多样，较为常见的故障分布有正态分布、指数分布和威布尔分布，而正态分布又是威布尔分布的一种。

2.2.1 正态分布

正态分布，也称高斯分布，是一种广泛应用的分布函数。因磨损、老化、腐蚀而出现的故障，通常服从正态分布。

正态分布的故障分布密度函数为

$$f(t)=\frac{1}{\sqrt{2\pi}\sigma}e^{-\frac{1}{2}\left(\frac{t-\mu}{\sigma}\right)^2} \qquad t<\infty, \ \sigma>0 \tag{2-16}$$

累积故障分布函数为

$$F(t)=\int_0^t \frac{1}{\sqrt{2\pi}\sigma}e^{-\frac{1}{2}\left(\frac{t-\mu}{\sigma}\right)^2}dt \tag{2-17}$$

设 $Z=\frac{t-\mu}{\sigma}$ 为标准化随机变量，则

$$F(t)=\int_0^Z \frac{1}{\sqrt{2\pi}\sigma}e^{-\frac{Z^2}{2}}dZ \tag{2-18}$$

$$\Phi(Z)=\frac{1}{\sqrt{2\pi}\sigma}\int_0^Z e^{-\frac{Z^2}{2}}dZ \tag{2-19}$$

为标准正态分布函数。对于标准正态分布，有

$$F(t)=\Phi(Z)=\Phi\left(\frac{t-\mu}{\sigma}\right) \tag{2-20}$$

$$f(t)=\varphi(Z)=\frac{1}{\sqrt{2\pi}}\mathrm{e}^{-\frac{Z^2}{2}} \tag{2-21}$$

此时，$f(t)$ 称为标准正态分布密度函数。

故障率函数为

$$\lambda(t)=\frac{\frac{1}{\sigma}\varphi\left(\frac{t-\mu}{\sigma}\right)}{1-\Phi\left(\frac{t-\mu}{\sigma}\right)} \tag{2-22}$$

航空装备故障分布服从指数分布时，若已知 μ、σ，可计算出 Z 值，根据 Z 值查正态分布表和正态分布密度函数表，可得到 $\varphi(Z)$ 和 $\Phi(Z)$，进而得到可靠度、故障分布函数、故障密度函数等。

2.2.2　指数分布

指数分布是较为常用的故障分布之一。航空电子设备和复杂航空装备的故障大多服从指数分布。

指数分布的故障率函数 $\lambda(t)$ 是一个与时间无关的常数 λ，即故障的出现是独立的，与已经工作时间的长短无关，这种特性称为“无记忆特性”。指数分布的另一个特性是“可加性”，即若系统中各单元的故障均服从指数分布，系统也必然服从指数分布。

指数分布的故障密度函数为

$$f(t)=\lambda\mathrm{e}^{-\lambda t}\qquad 0\leqslant t\leqslant\infty,\ 0<\lambda<1 \tag{2-23}$$

累积故障分布函数为

$$F(t)=\int_0^t f(t)\,\mathrm{d}t=1-\mathrm{e}^{-\lambda t} \tag{2-24}$$

故障率函数为

$$\lambda(t)=\frac{f(t)}{1-F(t)}=\frac{\lambda\mathrm{e}^{-\lambda t}}{\mathrm{e}^{-\lambda t}}=\lambda \tag{2-25}$$

2.2.3 威布尔分布

航空装备上常见的继电器、开关、磁控管等元器件的故障往往服从威布尔分布。威布尔分布也广泛应用于疲劳寿命试验的数据处理。决定威布尔分布的参数有 3 个：形状参数 m，用来表征分布曲线的形状；位置参数 γ，用来表征分布曲线的起始位置；尺度参数 η，用来表征坐标尺度。

威布尔分布的故障密度函数为

$$f(t) = \frac{m}{t_0}(t - \gamma)^{m-1}\mathrm{e}^{-\frac{(t-\gamma)^m}{t_0}} \tag{2-26}$$

累积故障分布函数为

$$F(t) = 1 - \mathrm{e}^{-\frac{(t-\gamma)^m}{t_0}} \tag{2-27}$$

故障率函数为

$$\lambda(t) = \frac{m}{t_0}(t - \gamma)^{m-1} \tag{2-28}$$

2.3 参数估计方法

在航空装备可靠性数据分析中，要确定故障分布函数 $F(t)$ 或故障密度函数 $f(t)$，需要估计出分布函数的参数。一般有两种估计：一种是点估计，以样本的某一函数值作为总体中未知参数的估计值；另一种是区间估计，是把参数值确定在某一范围内。

点估计是最基本的参数估计。点估计的方法有多种，如图估法、最小二乘法和极大似然估计等，其中，最小二乘法应用比较广泛。

2.3.1　最小二乘法

设在 x—y 坐标系中，n 个数据的观测值为 $\{x_i,\ y_i\}$，$i=1,\ 2,\ 3,\ \cdots,\ n$。如果变量 x、y 之间存在线性关系，则可用直线

$$\hat{y}=a+bx \tag{2-29}$$

来拟合它们之间的关系。

x、y 应使

$$E=\sum_{i=1}^{n}(y_i-\hat{y}_i)^2=\sum_{i=1}^{n}(y_i-a-bx_i)^2=\min \tag{2-30}$$

此时

$$b=\frac{\sum_{i=1}^{n}x_iy_i-n\overline{xy}}{\sum_{i=1}^{n}x_i^2-n\bar{x}^2}=\frac{\sum_{i=1}^{n}(x_i-\bar{x})(y_i-\bar{y})}{\sum_{i=1}^{n}(x_i-\bar{x}^2)} \tag{2-31}$$

$$a=\bar{y}-b\bar{x} \tag{2-32}$$

式中

$$\bar{x}=\frac{\sum_{i=1}^{n}x_i}{n} \tag{2-33}$$

$$\bar{y}=\frac{\sum_{i=1}^{n}y_i}{n} \tag{2-34}$$

2.3.2　点估计

基于最小二乘法，可以对常见分布函数进行参数的点估计。在应用最小二乘法时，需要将常见分布变换为最小二乘法方法所

适用的线性关系。

例如，对于指数分布而言，有

$$e^{-\lambda t} = 1 - F(t) \tag{2-35}$$

对上式两边取对数，可得

$$-\lambda t = \ln[1 - F(t)] \tag{2-36}$$

若记 $y = -\ln[1 - F(t)]$，$x = t$，$b = \lambda$，则有

$$y = bx \tag{2-37}$$

利用最小二乘法求出的 b 就是指数分布的 λ。

类似地，对于正态分布、威布尔分布等而言，也先对 $F(t)$ 进行线性化处理，再应用最小二乘法求解，最后再应用到 $F(t)$ 上。具体过程可参见可靠性工程方面的资料。

2.4 使用阶段可靠性数据分析

航空装备可靠性数据可以从可靠性试验中得到，也可以在实际使用中积累得到。寿命试验通常可以分为完全试验、定数截尾试验、定时截尾试验和随机截尾试验等 4 种，试验所得数据分别为对应类型的试验数据。实际使用中积累得到的数据，通常称为现场数据。现场数据反映了航空装备在实际使用环境和维护条件下的情况，能更真实反映航空装备的实际表现。因此，要客观分析和评估航空装备使用阶段可靠性水平，应使用实际使用中积累的数据。

2.4.1 维修保障信息系统数据

基层保障单位大多应用了维修保障信息系统，对航空装备使

用过程产生的数据进行了较为全面的记录和收集，内容涉及航空装备基本信息、使用信息、故障信息等诸多方面。

故障信息是航空装备使用阶段可靠性数据主要的表现形式。登记故障信息时，需要记录：①飞机的基本信息，如机型、机号、发动机型别、发动机号；②故障件的信息，如故障件名称、型别、装机日期、计时类型、工作时次；③故换件的信息，如名称、型别等；④故障直接相关信息，包括故障现象、故障原因、故障所属专业、发现时机、排除时间、工作者、检验者、判明方法、排除方法等。概括而言，故障记录的内容包括使用单位、故障件的基本信息、故障所属飞机和系统、故障现象及原因、故障发现及维修信息、故障维修所属专业、故换件的基本信息等方面。

维修保障信息系统采用数据库来存储数据，具体而言，这些数据在维修保障信息系统中分布在 3 个数据表之中。

（1）故障信息表。数据库中表名为 RCDJ_ GZXX，储存的是飞机故障的相关数据，主要包括故障标识、飞机标识、发现时机、发现日期、起落、发现人、故障信息来源、故障描述、故障代码和是否虚警等字段。其中，故障标识满足唯一性和非空约束，是该表的主键。统计飞机故障信息使用该表。

（2）故障排除信息表。数据库中的表名为 RCDJ_ GZPCXX，储存的是飞机故障排除的相关数据，主要包括故障排除信息标识、故障标识、故障隔离方法、故障隔离人、故障判明方法、故障判明人、故障件标识、故障件装机日期、故障件总工作时次、故障件翻修厂等字段。其中，故障排除信息标识满足唯一性和非空约束，是该表的主键；故障标识按照数据库参照完整性要求，参照故障信息表中的故障标识字段，满足外键约束，是该表的外键。统计发动机、机件故障信息使用该表。

（3）故障排除信息工作时次表。数据库中的表名为 RCDJ_

GZPCGZSC，储存的是故障件和故换件的寿命相关的信息，包括故障排除信息工作时次标识、故障排除信息标识、机件标识、计时类型、计时单位、装本机工作时次、总工作时次、消耗时次、备注和数据类型字段。其中，故障排除信息工作时次标识满足唯一性和非空约束，是该表的主键；故障排除信息标识按照数据库参照完整性要求，参照故障排除信息表中的故障排除信息标识字段，满足外键约束，是该表的外键。

3 个表的关系如图 2-1 所示。

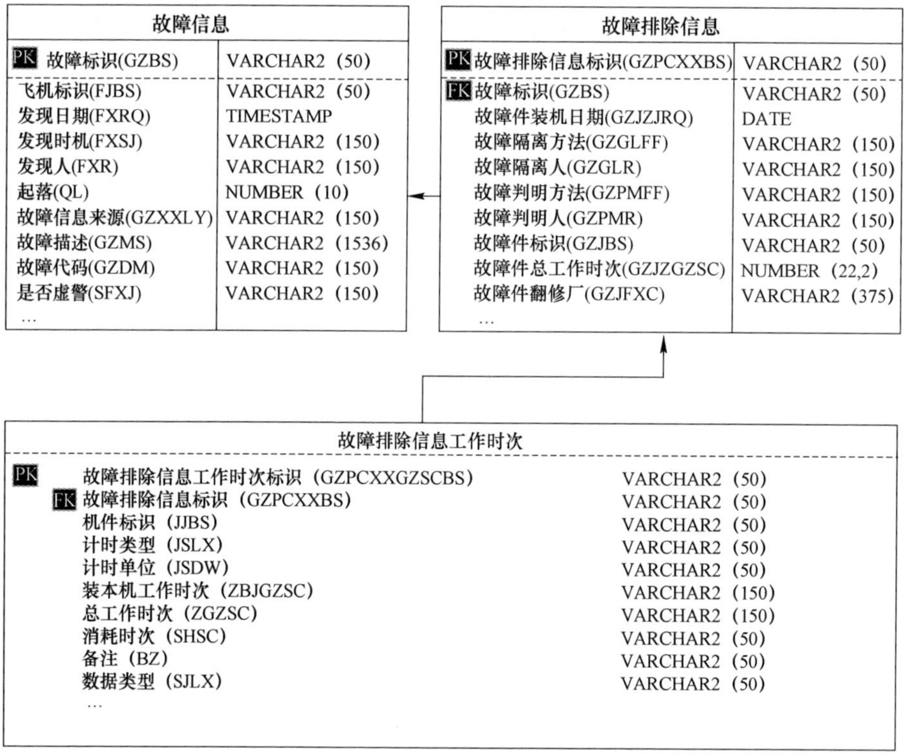

图 2-1　故障相关表结构

表 2-1 为故障信息表示例数据，表 2-2 为故障排除信息表示例数据。

表 2-1　故障信息表示例数据

故障标识	飞机标识	机型	发现日期	排除时间	故障代码	故障描述	分类
1	A_01	A	2019-01-10	2019-01-11	01	襟翼 25°以下无告警	故障
2	A_02	A	2019-02-09	2019-02-12	02	右发低压转子叶片裂纹	故障
3	A_03	A	2019-03-20	2019-03-25	03	发电机无电流指示	故障
…							

表 2-2　故障排除信息表示例数据

故障排除信息标识	故障标识	故障件标识	故障件名	故障件工作时间	排除方法
A	1	A_1	电门	59	更换电门
B	2	B_2	低压转子叶片	156	更换转子叶片
C	3	C_3	发电机	35	更换励磁接线片
…					

2.4.2　故障数据获取

数据库中存储的故障数据，可以通过多种方式获取和处理。比如，导出为 Excel 文件后再进行处理。但应用最多的方式是应用 SQL（structured query language）语句加以获取，然后再进行后续处理，即书写带有限制条件的 SQL 语句，查询所需要的数据。在此基础上，将查询出来的结果存到临时表中，或者进一步导出到外部文件。

使用 SQL 语句时，通常通过 WHERE 子句限制数据行的范围，通过 SELECT 子句设置选择的字段。比如，选取 2016 年至 2021 年之间 A 型飞机的所有故障，选择的字段包括故障标识、飞机标识、发现日期、排除时间和故障件修后时次，则相应的 SQL 查询语句为：

```
SELECT A. GZBS, A. FJBS, A. FXRQ, A. PCSJ, A. GZJXHSC
    FROM RCDJ_GZXX AS A,
        RCDJ_GZPCXX AS B
    WHERE A. GZBS = B. GZBS
        AND A. FXRQ BETWEEN '2016-01-01' AND '2021-12-31'
        AND A. JX = 'A 型' ;
```

该 SQL 查询语句使用了连接查询，连接条件为 RCDJ_ GZXX. GZBS 的字段值与 RCDJ_ GZPCXX. GZBS 字段值相等。该 SQL 查询语句中，“A. FXRQ BETWEEN '2016-01-01' AND '2021-12-31'” 用来限制时间范围，“A. JX = 'A 型'” 用来限制机型。

又如，要查询 B 型飞机的动力系统从 2022 年至今发生的故障信息，并根据结果创建 TempGZ 表，则对应的 SQL 语句为：

```
CREATE TABLE TempGZ
AS
    SELECT A. GZBS, A. FJBS, A. FXRQ, A. PCSJ, A. GZJXHSC
        FROM RCDJ_GZXX AS A,
            RCDJ_GZPCXX AS B
        WHERE A. GZBS = B. GZBS
            AND A. FXRQ >= '2022-01-01'
            AND A. JX = 'B 型'
            AND A. SSXT = '动力系统';
```

其中，“SSXT” 为 “所属系统” 字段。

类似地，可以按照故障件所属子系统、分系统或系统来获取数据。

按照上面方法获得的数据，经整理后可以得到故障间隔时间。

2.4.3 MTBF 计算

要计算 MTBF，需要确定总工作时间 T、故障次数 n。前者可以计算整体的工作时间（通常为飞机总的飞行时间），也可以计算得到相邻两次故障之间的时间间隔并将这些时间间隔依次相加得到总的故障间隔时间。后者即为某段时间范围内故障记录的条数。

对于已经导出为 data. csv 文件的故障数据，可使用如下 Python 代码得到结果：

```
import numpy as np
import pandas as pd


data = pd.read_csv(r"..\DATA\data.csv")
data = pd.DataFrame(data)['0'].to_list()
MTBF = np.array(data).mean()
print(MTBF)
```

2.4.4　故障密度函数类型确定

故障分布函数的确定，可以利用直方图观察法、分布检验方法（AD 检验方法）以及 Python 自动拟合数据分析功能等多种方法进行。

2.4.4.1　直方图观察法

可以绘制故障分布的直方图，观察直方图的特征确定故障分布类型。

（1）确定部件故障数据总数 N

通过 SQL 语句中 COUNT 函数得到故障数。

（2）确定部件故障数据分组数目 k

按照斯科特经验公式计算分组数 k

$$k = 1 + 3.3\log N \qquad (2-38)$$

（3）确定组距 h

在 Excel 中对故障数据进行升序排列，得到最大值 max 和最小值 min，结合 k 值，计算组距 h

$$h=(\max-\min)/k \tag{2-39}$$

（4）计算每组中的故障

得到每组数据的个数 n_i，利用公式得到频率 ω_i

$$\omega_i=n_i/N \tag{2-40}$$

根据各区间上下界、区间中点、故障个数 n_i、频率 w_i，绘制直方图。根据直方图直观判断故障寿命分布规律，确定故障密度函数类型。

2.4.4.2 AD 检验方法

常用的分布检验方法有卡方检验、Kolmogrov-Smirnov 检验（KS 检验）以及 Anderson-Darling 检验（AD 检验）。其中，卡方检验是最常用的拟合优度检验方法，但其原理较为复杂；而且要取得较好的检验效果需要大量的样本，但目前没有合适分组标准来确保其稳定性和准确度。KS 检验属于基于经验分布函数的检验方法，用来比较某一经验分布与理论分布，或者是比较两个经验分布式之间是否存在显著差异，不需要大量的样本，但只适用于连续分布，并且容易受到异常值的影响。AD 检验，也属于基于经验分布函数的检验方法，用于度量数据服从特定分布的程度，可以看作是 KS 检验的改进版，在样本量较小时，也能得到较好的检验效果。因此，AD 检验应用较为广泛。

AD 检验方法是由 T. W. Anderson 和 D. A. Darling 于 1954 年提出的，其数学表达式可表示为

$$Z=n\int_{-\infty}^{\infty}[F_n(x)-F(x)]^2w(x)f(x)\mathrm{d}x \tag{2-41}$$

式中：$f(x)$ ——理论分布密度函数；

$w(x)$ ——权重函数，其值为 1 时为 Cramer-Von Mises 统计量。

上述公式中统计量的计算复杂，前人推导得到如下计算方法

$$A^2 = -n - \sum_i \frac{2i-1}{n}\{\ln F(Y_i) + \ln[1 - F(Y_{n+1-i})]\} \tag{2-42}$$

$$Y_i = \frac{X_i - \hat{\mu}}{\hat{\sigma}} \tag{2-43}$$

本质上，AD 检验方法是一种假设检验的方法，因此，在计算统计量之前应当先进行假设：

H_0：样本数据服从指定分布；

H_1：样本数据不服从指定分布。

用来检验数据是否来自指定分布的统计量为 P，该值通过 AD 统计量计算得到。如果 P 值小于所选的 α，则拒绝 H_0。

以某型飞机 Y 系统故障为例，在获得该系统的故障间隔时间序列的基础上使用 Minitab 的个体分布标识功能，设置数据列数为单列，置信区间为 99.5%（$\alpha = 0.005$），选取正态分布、指数分布、威布尔分布作为待检验的理论分布类型（如图 2-2 所示），输出 3 种分布的概率图以及对应的 AD 统计量和 P 值。

在正态分布检验情况下，AD 统计量的值为 12.726，统计量 P 的值小于 0.005，落在拒绝域内，即否定假设 H_0，认为样本数据不服从正态分布。对应的概率图如图 2-3 所示，可以看出数据点并未大致均匀、完整地落在以 99.5% 为置信度估计出来的上下界区间内，说明正态分布对样本数据的拟合效果不好，即不认为 Y 系统故障分布服从正态分布。

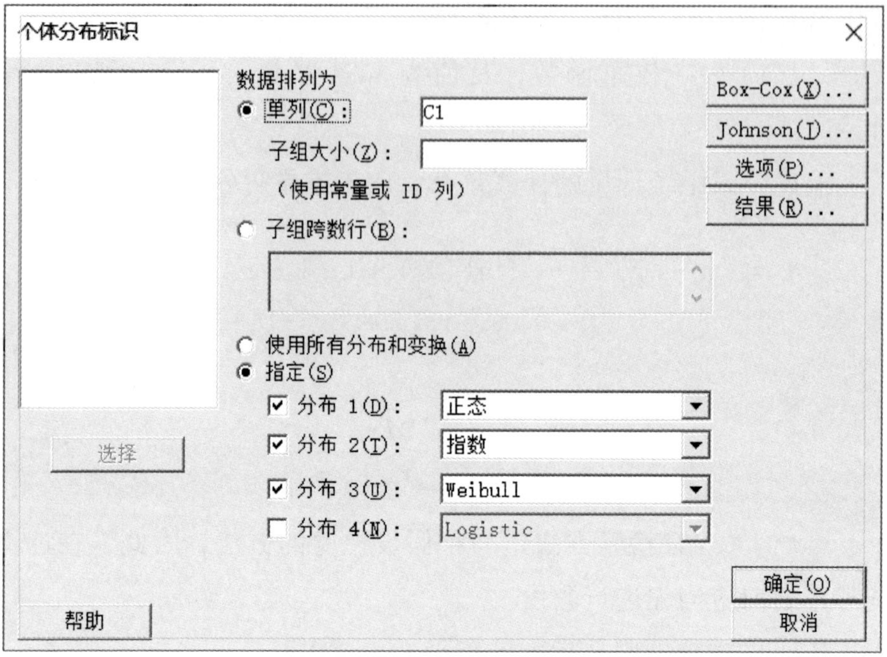

图 2-2　分布检验设置界面

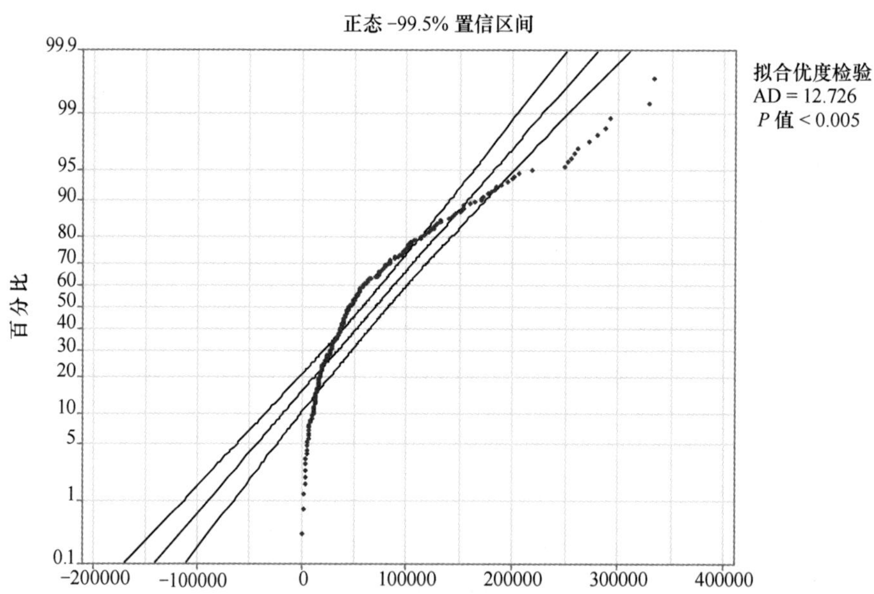

图 2-3　正态分布检验概率图

在指数分布检验情况下，AD 统计量的值为 0.527，P 值为 0.464，未落在拒绝域内，接受 H_0，即认为样本服从指数分布。对应的概率图如图 2-4 所示，可以看出该样本的数据点大致均匀地落在以 99.5%为置信度估计出来的上下界区间内，但部分样本点落在了上下界之外。因此，指数分布可以作为分布候选项。

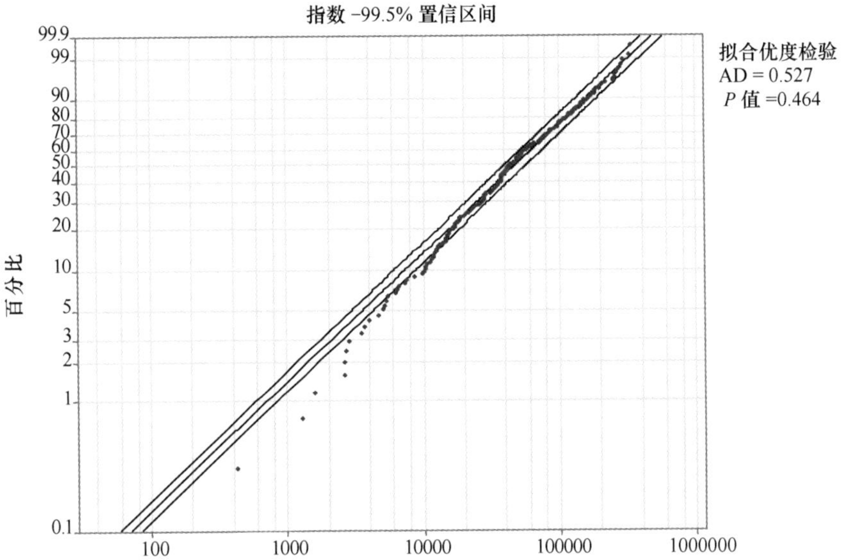

图 2-4　指数分布检验概率图

在威布尔分布检验情况下，AD 统计量的值为 0.515，P 值为 0.206，大于 α（0.005），接受 H_0，即认为样本服从威布尔分布。对应的概率图如图 2-5 所示，可以看出几乎所有样本点都落在以 99.5%为置信度估计出来的上下界区间内。因此，威布尔分布也可以作为分布候选项。

从上述结果可以看出，指数分布和威布尔分布的拟合效果较好。由于 AD 统计量的值越小，说明数据分布与理论分布的拟合程度越高，因此，可以用 AD 统计量作为比较不同分布拟合结果的评

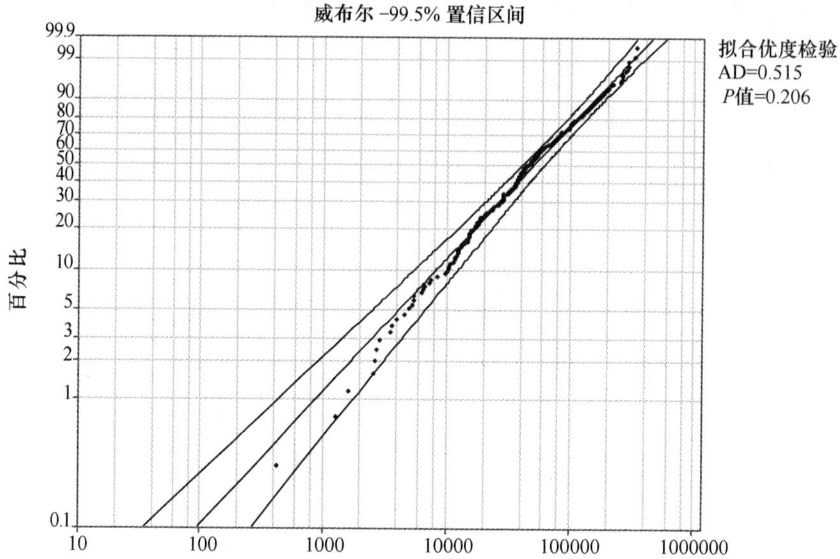

图 2-5　威布尔分布检验概率图

判依据。比较指数分布和威布尔分布拟合的 AD 统计量，可见威布尔分布的 AD 值小，对样本数据的拟合程度更高。综上，可以认为 Y 系统故障分布服从两参数的威布尔分布。

2.4.5　分布函数参数确定

在确定好故障分布密度函数的类型后，需要确定函数的参数。

根据前述方法，以某型飞机的 Y 系统故障为例进行参数的求解。整理表格数据如表 2-3 所示。

表 2-3　某型飞机 Y 系统故障时间间隔序列线性化处理结果

序号	t_i	$F(t_i)=\frac{i-0.3}{n+0.4}$	x_i	y_i	$(x_i-\bar{x})^2$	$(x_i-\bar{x})(y_i-\bar{y})$
1	142.384	0.003	4.959	-5.816	32.657	29.747
2	640.584	0.007	6.462	-4.927	17.731	18.173

表 2-3（续）

序号	t_i	$F(t_i)=\frac{i-0.3}{n+0.4}$	x_i	y_i	$(x_i-\bar{x})^2$	$(x_i-\bar{x})(y_i-\bar{y})$
3	695.328	0.011	6.544	-4.462	17.047	15.901
4	812.803	0.016	6.700	-4.145	15.782	14.0399
…	…	…	…	…	…	…
230	264161.676	0.972	12.484	1.270	3.280	3.406
231	274163.030	0.976	12.521	1.314	3.416	3.558
232	274504.010	0.980	12.523	1.364	3.421	3.654
233	278824.499	0.984	12.538	1.424	3.479	3.795

解得 $\alpha=70820.8859$，$\beta=1.0451$，即 Y 系统故障率函数为 $\lambda(t)=0.000008917t^{0.0451}$，曲线如图 2-6 所示，其可靠度函数为 $R(t)=\mathrm{e}^{-\left(\frac{t}{70820.8859}\right)^{1.0451}}$。

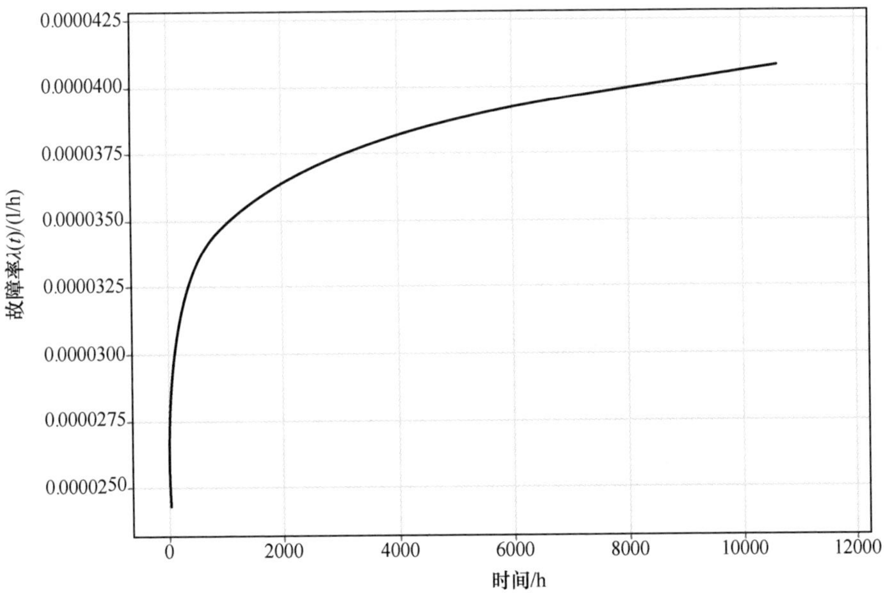

图 2-6　Y 系统故障率函数曲线

2.4.6 利用 Python 程序包确定分布类型及参数

Python 程序包中有一个可以自动拟合概率密度函数的包——distfit，可以通过残差平方和（RSS）和拟合优度检验（GOF）对 89 个单变量进行拟合，自动计算分布函数的参数，同时可返回最优拟合图。

在获得某型飞机 Y 系统故障间隔时间序列的基础上，使用 Python 语言编程，调用 distfit 程序包。代码如下：

```
from distfit import distfit
import matplotlib. pyplot as plt
import pandas as pd


data = pd. read_csv( r".. \data. csv" )
data = pd. DataFrame( data, dtype=object) [ '0' ]
dist = distfit( distr=[ 'expon', 'dWeibull', 'norm' ] )
results = dist. fit_transform( data)
dist. plot( )
plt. show( )
```

其中，第 6 行代码，选取正态分布、指数分布和威布尔分布作为检验的理论分布类型，并输出最优的拟合图。该程序的输出如图 2-7 所示，其中，loc 为位置参数，scale 为尺度参数。

```
[distfit] >fit..
[distfit] >transform..
[distfit] >[expon   ] [0.00 sec] [RSS: 0.0000000] [loc=29.401 scale=71441.038]
[distfit] >[dweibull] [0.01 sec] [RSS: 0.0000000] [loc=51573.788 scale=51170.263]
[distfit] >[norm    ] [0.0 sec] [RSS: 0.0000000] [loc=71470.439 scale=71569.303]
[distfit] >Compute confidence interval [parametric]
[distfit] >plot..

Process finished with exit code 0
```

图 2-7 程序控制台输出

拟合结果输出如图 2-8 所示，表明拟合效果最好的是指数分布。结合图 2-7 所示的结果，可知指数分布的尺度参数为 71441.038，即 $f(t)=0.00001399\mathrm{e}^{-0.00001399t}$，故障率函数为 $\lambda(t)=0.00001399$。

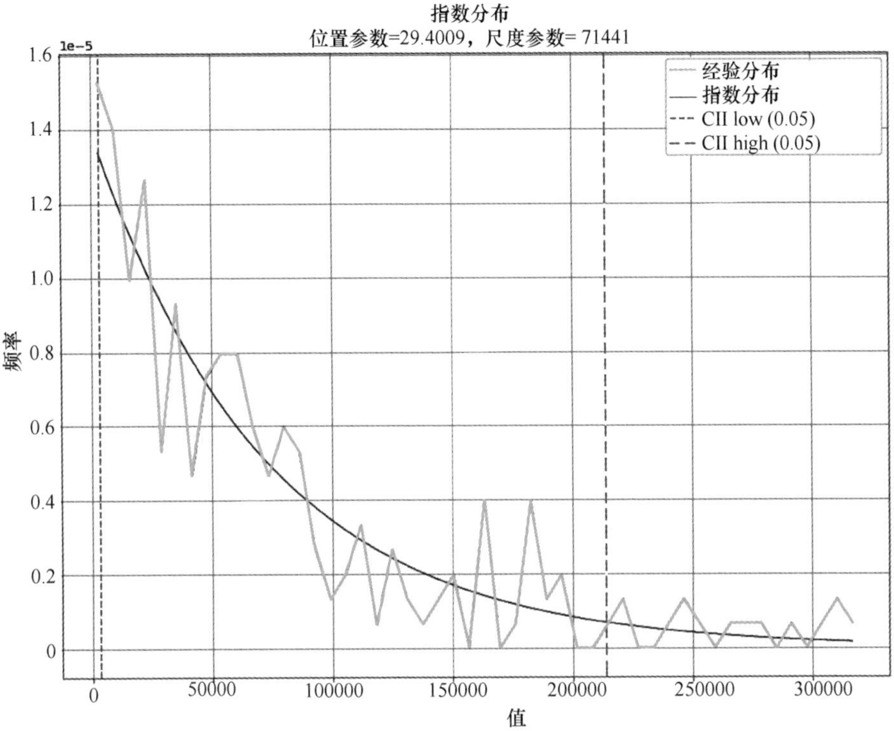

图 2-8　Python 程序输出拟合结果

第 3 章　航空装备故障树改进分析技术及应用

随着科技的进步，航空装备结构日趋复杂，故障模式也越来越多样。航空装备发生故障后，如何制订科学合理的故障检测方案，以达到缩短排故时间、提高排故效能的目的，是一个急需解决的问题。故障树分析法，是航空装备故障诊断中的常见方法，应用较为广泛，但其考虑的因素不够全面，制约故障检测诊断效率。本章在分析影响故障总排除时间因素的基础上，提出考虑多因素的故障树改进分析的思路，并给出了具体过程，以排故总时间期望最短为目标，确定故障检测顺序，可为维修一线提高排故效率提供方法支持。

3.1　故障树

故障树也被称为故障查询树、负分析树，是一种描述因果逻辑的关系图，主要应用于系统故障的诊断。

3.1.1　故障树表示

故障树以图形的方式表明“系统是怎样失效的”，即用规定的事件、逻辑门和其他符号描述系统中各种事件之间的因果关系。故障树由几类基本要素构成：底事件、中间事件、顶事件和连接各事件的逻辑门。

事件：对系统状态及元件、部件状态的描述，包括正常事件（系统或元部件能够完成规定功能）和故障事件（系统或部件不能完成规定功能）。在故障树中，事件发生（故障），用逻辑值 1 表示；事件不发生（正常），用逻辑值 0 表示。

底事件：位于故障树最底层的事件，它是某个逻辑门的输入事件。

顶事件：位于故障树顶端的事件，即系统不希望发生的事件。

逻辑门：描述事件之间因果关系的逻辑符号。例如，“与门”“或门”“表决门”“非门”等。此外，还有禁门、异或门、选举门等，但均可以等价变换为基本逻辑门。

故障树常见符号及其含义如表 3-1 所示。

表 3-1　故障树常见符号

名称	符号	含义
结果事件	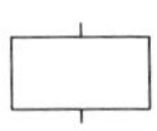	逻辑门的输出事件（系统的中间事件、顶事件和子模块的顶事件）
底事件		无须进一步探明发生原因的基本事件，它是故障模式中的成员
未展开事件		需要扩展的事件，它是底事件中的一种
条件事件	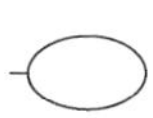	导致逻辑门输出发生的事件，也称为触发事件
开关事件		在正常情况下，发生或者不发生事件

表 3-1（续）

名称	符号	含义
转出符号		子树 A 从此处转向别处
转入符号		子树 A 由别处转向此处
或门		输入事件只要有一个发生，则输出事件发生
与门		所有输入事件发生，输出事件才发生
表决门	 r/n	n 个输入事件中至少有 r 个事件发生，输出发生
异或门		两个输入事件中只有一个发生时，输出发生
禁门	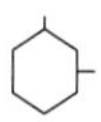	当给定条件满足时，输入事件发生，则输出发生

只含与门、或门、非门和基本事件的故障树，或只含与门、或门和基本事件以及基本事件补事件的故障树，称为基本故障树。在进行分析之前，一般要把故障树等价变换为基本故障树，以便应用计算机程序分析和计算。

3.1.2 故障树建立

建立故障树是进行故障树定性定量分析的基础。建立故障树的过程如下。

（1）熟悉系统

收集有关系统的技术资料，深入了解系统的功能、结构、原理、故障状态、故障因素及其影响等。这是建立故障树的基础工作。

（2）确定顶事件

顶事件可以根据研究的对象来选取，通常顶事件是不希望发生的故障事件。建树中，顶事件必须有明确的定义，能够定量评定，而且能进一步分解出它发生的原因。一个系统可能有多个不希望发生的事件，此时，可以建立几棵故障树，但一棵故障树只能从一个不希望事件开始分析。

（3）构造故障树

由顶事件出发，逐级找出各级事件全部可能的直接原因，并用故障树的符号表示各类事件及其逻辑关系，直至分析到各类底事件为止。对于航空装备而言，构造一棵故障树的工作量较大。

（4）简化故障树

故障树建立后，还需要从故障树最下一级开始，逐级写出上级事件与下级事件的逻辑关系式，直到顶事件为止。在此基础上，结合逻辑运算，做进一步的分析运算，删除多余的事件。

图 3-1 是一个三单元串并联形成的故障树；图 3-2 是一个航空发动机空中停车故障树，各变量的含义如表 3-2 所示。

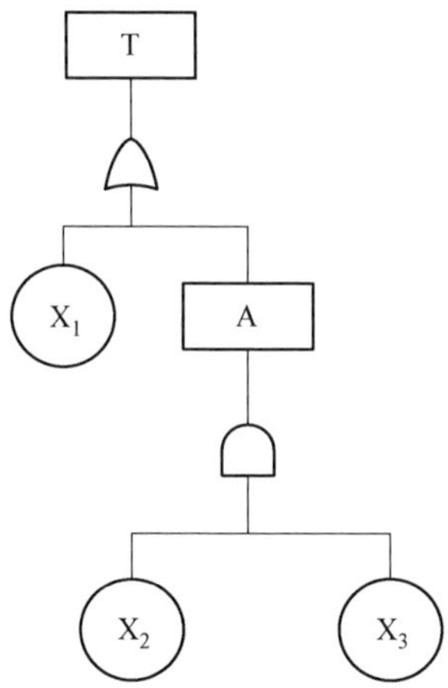

图 3-1　三单元串并联系统故障树

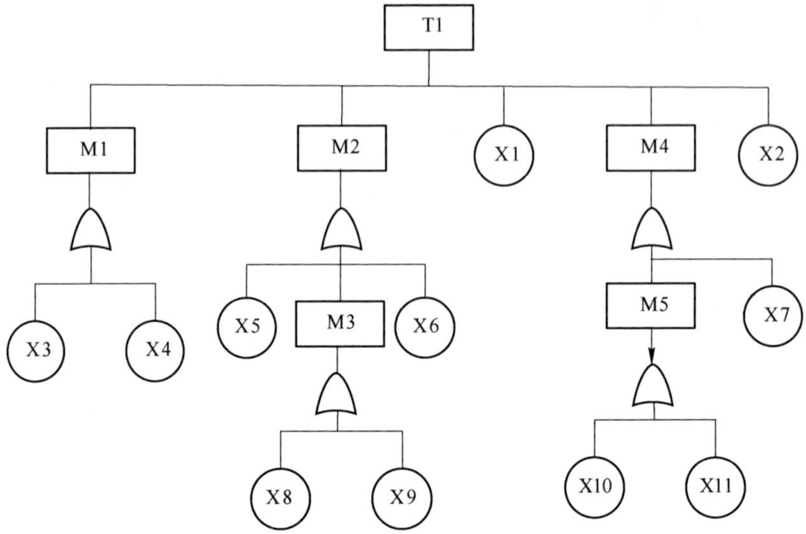

图 3-2　发动机空中停车故障树

表 3-2　发动机空中停车故障树变量定义

变量	定义	变量	定义
T1	空中发动机停车	M3	压气机喘振
M1	燃料系统故障	M4	滑油系统故障
M2	燃油系统故障	M5	滑油压力低
X1	Y 系统故障	X7	滑油管路故障
X2	电子系统故障	X8	供油系统故障
X3	发动机主要机件故障	X9	控制系统故障
X4	防喘系统故障	X10	滑油压力指示系统故障
X5	漏油系统故障	X11	滑油系统压力过低
X6	放油系统故障		

3.1.3　故障树分析

故障树分析法（fault tree analysis，FTA）是基于故障树的分析方法，用来进行定性分析、定量分析。

故障树定性分析的目的是找出导致顶事件发生的所有可能的故障模式，弄清系统（或设备）出现某种最不希望发生的事件（通常是发生故障），其成因有多少种可能的组合，以便进行故障诊断，发现系统最薄弱环节。常用的定性分析是确定最小割集，求最小割集的方法有上行法和下行法。

故障树中的底事件并非同等重要，因此有时需要对故障树中每个底事件的重要程度进行定量的分析。量化分析通常有底事件结构重要度分析、底事件概率重要度分析、底事件的相对概率重要度分析、底事件的相关割集重要度分析等。

上述内容可查阅故障树定性分析、定量分析相关的文献资料。

故障树简单易懂，因果关系清晰、形象，既可进行定性分析，又可进行定量分析和系统评价。因此，故障树及故障树分析法，应用较为广泛。在传统的故障树分析法中，底事件的发生概率常被认为是精确值，但实际上可能是不确定的值；传统故障树中只考虑了事件概率，在实践应用中还需考虑时间等因素。

3.2　考虑工作时间的瞬时故障率计算

故障树中，底事件发生的概率通常用固定值来表示。但除指数分布以外，其他分布的底事件的发生率通常随部件（系统、设备等）已经工作时间的变化而变化。

在某一故障发生时，可以根据底事件对应部件的工作时间来计算瞬时故障率，以此来作为评判底事件各部件对应故障概率的值。瞬时故障率，也就是在历史数据拟合的最优故障率分布曲线基础上，结合部件实际工作时间计算得到的故障率。

下面以某故障为例说明。造成该故障可能的原因是，燃料系统故障、燃油系统故障、油门操作系统故障、电子系统故障、主要机件故障、防喘系统故障、漏油系统故障和放油系统故障等。上述各子系统故障的数据按照第 2 章的方法进行处理，判断各底事件对应部件故障的分布类型，并计算参数，得到的结果如下。

3.2.1 油门操作系统故障

故障率函数拟合结果如图 3-3 所示，类型为威布尔分布，故障率函数为 $\lambda(t) = 0.000008917t^{0.0451}$。

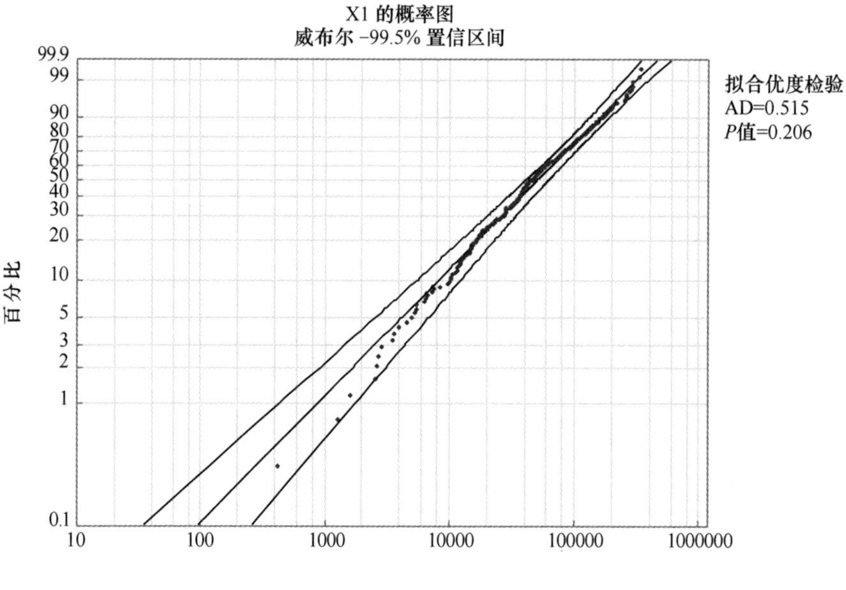

图 3-3　X1 分布曲线拟合结果

3.2.2 电子系统故障

故障率函数拟合结果如图 3-4 所示，类型为威布尔分布，故障率函数为 $\lambda(t) = 0.000018819t^{0.0826}$。

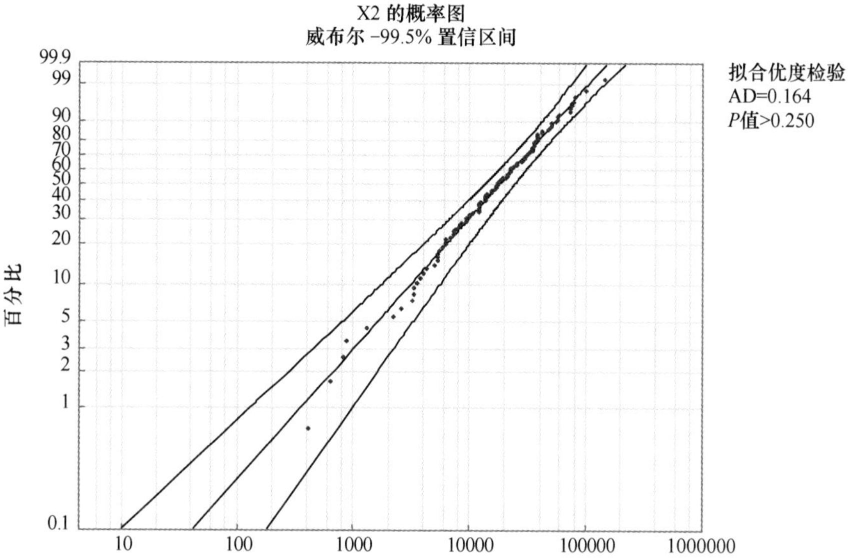

图 3-4　X2 分布曲线拟合结果

3.2.3　主要机件故障

故障率函数拟合结果如图 3-5 所示，类型为威布尔分布，故障率函数为 $\lambda(t)=0.000013847t^{0.1236}$。

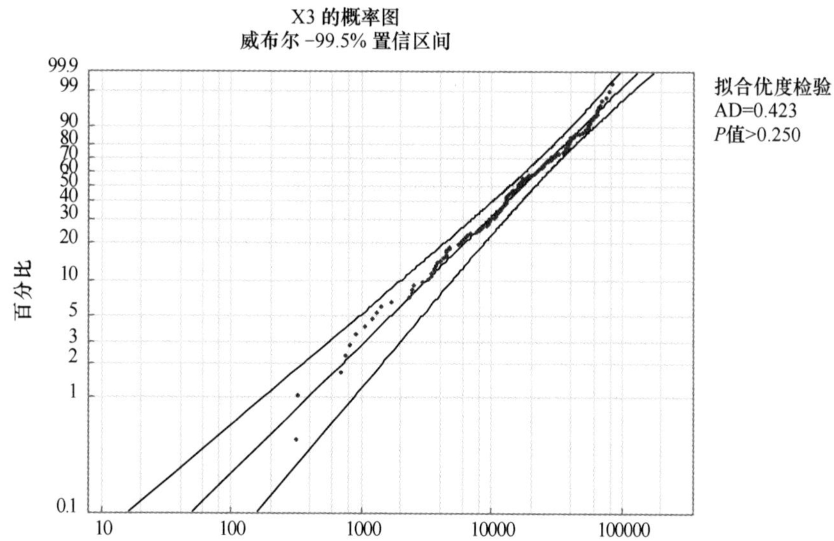

图 3-5　X3 分布曲线拟合结果

3.2.4 防喘系统故障

故障率函数拟合结果如图 3-6 所示，类型为指数分布，故障率函数为 $\lambda(t)=0.000049674$。

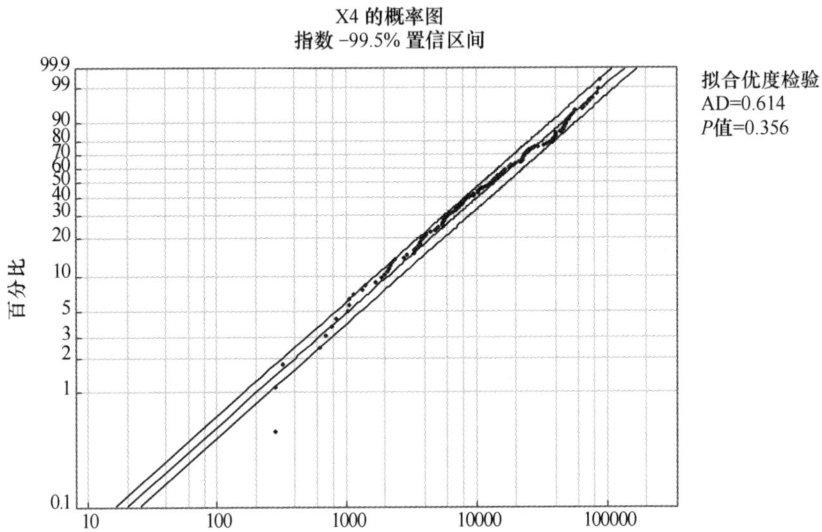

图 3-6　X4 分布曲线拟合结果

其他所有底层事件的故障率函数确定的过程类似，此处略去。在得到故障率函数后，结合部件的实际工作时间，计算得到故障发生时各部件的瞬时故障率。假定发生顶事件后，系统底事件相关部件工作时间如表 3-3 中“工作时间”所示，则可得到对应的故障率为表中“故障率”所示。

表 3-3　各部件已工作时间和瞬时故障率

序号	符号	工作时间/h	故障率/(10^{-6}/h)
1	X1	130	11.1
2	X2	20	24.1
3	X3	85	14.6

表 3-3（续）

序号	符号	工作时间/h	故障率/(10^{-6}/h)
4	X4	45	49.7
5	X5	12	9.2
6	X6	25	5.3
7	X7	10	15.9
8	X8	21	53.9
9	X9	101	19.8
10	X10	64	30.4
11	X11	23	37.1

在此基础上，可得到最小割集重要度，排序可得到结果，如表 3-4 所示。

表 3-4　基于瞬时故障率的重要度排序

序号	符号	最小割集	重要度
1	X8	供油系统故障	0.1987
2	X4	防喘系统故障	0.1833
3	X11	滑油系统压力过低	0.1368
4	X10	滑油压力指示系统故障	0.1121
5	X2	电子系统故障	0.0888
6	X9	控制系统故障	0.0731
7	X7	滑油管路故障	0.0586
8	X3	发动机主要机件故障	0.0538
9	X1	Y 系统故障	0.0409
10	X5	漏油系统故障	0.0339
11	X6	放油系统故障	0.0195

根据表 3-4 数据可知，供油系统故障（X8）、防喘系统故障（X4）、滑油压力过低（X11）和滑油压力指示系统故障（X10）等故障可能性较大，应按照上述顺序进行检查。

基于瞬时故障率的故障树分析方法，计算得到的优先顺序考虑了各部件已工作时间，利用了更多的信息，通常具有更好的效果。

3.3 确定故障检测顺序的方法

故障排除工作是航空装备保障经常性维修工作。提高排故工作效能，对于提高飞机完好率具有重要意义，而确定科学合理的故障检测顺序是提高故障排除效率的前提。

3.3.1 排故总时间构成

广义的排故，包括故障检测、定位及更换、调教故障件以及确认故障排除等工作。据统计，判断故障原因的时间大约占到排故总时间的 77%~85%，用于排除故障的工作时间占 15%~23%。

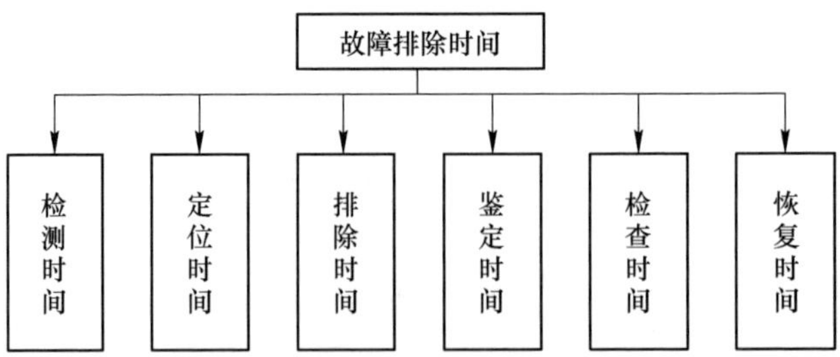

图 3-7　广义故障排除总时间的组成

检测时间：判断系统是否发生故障所用的时间。

定位时间：在故障检测和故障类型判断的基础上，细化故障种类、诊断系统具体故障部位所用的时间。

排除时间：根据不同原因，采取不同措施对故障进行排除的时间。

鉴定时间：在排除故障后，通过技术手段或人工判断测试故障是否排除的时间。

检查时间：在故障排除和鉴定后，检查是否有工作、步骤遗忘，并且判断是否可以在目前基础上继续进行其他故障的排除工作所用的时间。

恢复时间：维修工作结束后，将装备恢复到完整可用状态所用的时间。

为方便研究，考虑简化时间类别。以主要的几个阶段为主，定义整个排故过程为表 3-5 中的三个阶段。

表 3-5　简化的排故阶段划分

阶段名称	度量表示	主要工作内容
检测阶段	检测时间 T_j	故障确认、故障检测和故障定位
排除阶段	排除时间 T_p	故障排除、故障鉴定、故障检查
恢复阶段	恢复时间 T_h	因检测、排故等所开展的拆除、开口等的恢复及其他收尾工作

3.3.2　考虑瞬时故障率与故障检测时间的方法

本小节研究基于的假设条件有：①导致故障的底事件的个数大于或等于两个；②一个故障由于一个部件的故障导致。

若不满足条件①，则导致故障的底事件只有一个。在这种情况下，可以直接确定故障的具体原因。条件②在航空装备维修中较为常见。虽然存在一个故障由两个或多个部件故障导致的情况，但单个部件导致的故障占据了主体。对于多部件导致的故障，本小节所提的思想也适用，只是实施中需要考虑的情况更为复杂而已。

考虑瞬时故障率、故障检测时间确定排故总工时的期望，按照期望值来确定最优的故障检测顺序，可以达到减少总维修工作时长的目的。下面结合图 3-8 所示的故障树来详细介绍。

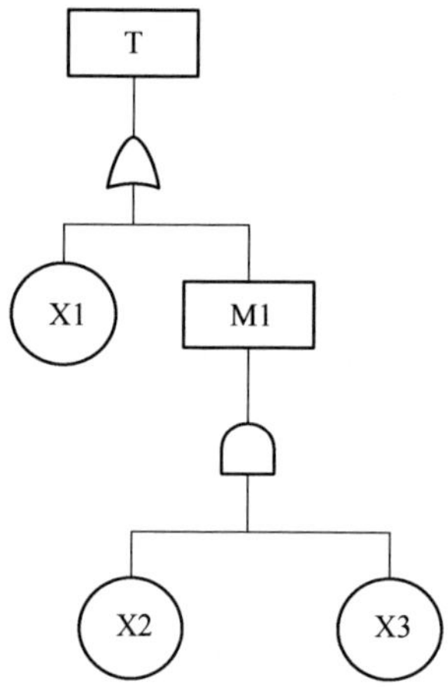

图 3-8　某故障树

考虑故障检测时间、不考虑故障恢复时间时，故障排除工作经历两个主要阶段：故障判别阶段、故障排除阶段。一般而言，整个故障排除的时间由完成所有底事件的故障判别时间、无故障恢复时间以及故障排除工作时间组成。此时，故障排除工作流程如图 3-9 所示。

按照前文方法，得到底事件的故障密度分布函数，并根据各部件实际工作时间，计算得到对应瞬时故障率，如表 3-6 所示。

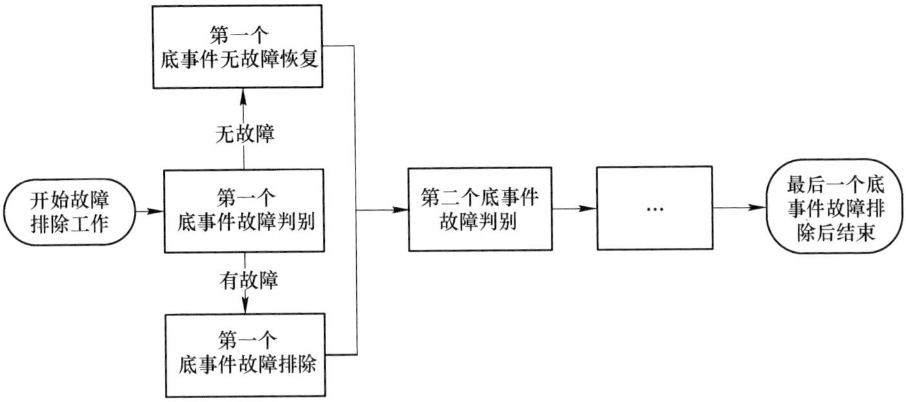

图 3-9　故障排除工作流程

表 3-6　底事件故障率函数和瞬时故障率

编号	$\lambda(t)$	工作时间/h	λ	归一化
X1	0. 000008917	34	0. 000008917	0. 1893
X2	0. 000013659	18	0. 000013659	0. 2900
X3	$0.000013847t^{0.1236}$	103	0. 000024543	0. 5212

收集并整理数据，计算得到各底事件对应的时间，如表 3-7 所示。

表 3-7　故障判别时间和修复时间

min

事件（部件）	故障判别时间	故障修复时间
X1	0. 4	5. 6
X2	1. 4	10. 3
X3	3. 5	0. 8

假定以“X1-X2-X3”的先后顺序进行检测，则排故过程如图 3-10 所示。

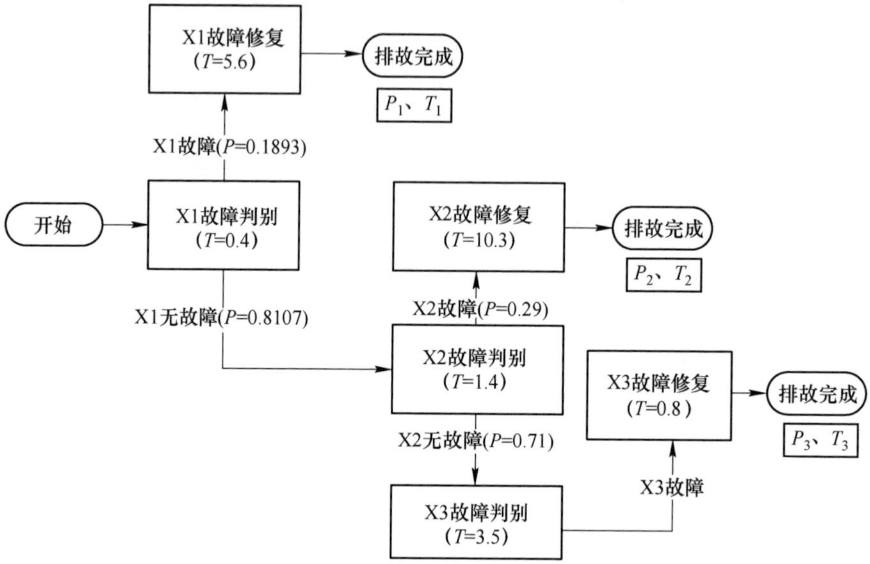

图 3-10　以“X1-X2-X3”顺序进行检测时的时间分析图

排故总时间的期望值为

$$\mathrm{EV}(A_{\mathrm{X1-X2-X3}}) = \sum_{i=1}^{3} T_i P_i$$

式中：$P_1=0.1893$，$T_1=0.4+5.6$；$P_2=0.81070.29$，$T_2=0.4+1.4+10.3$；$P_3=0.81070.71$，$T_3=0.4+0.5+0.9+3.5+0.8$。

经计算可得：$\mathrm{EV}(A_{\mathrm{X1-X2-X3}}) = 7.4916$。

按照上述过程，求得所有工序组合的维修时长期望值如表 3-8 所示。

表 3-8　不同检测顺序的排故总时间期望值

min

序号	检测顺序	EV(A)
1	X1-X2-X3	7.4916
2	X1-X3-X2	9.1770
3	X2-X1-X3	7.8987

表 3-8（续）

序号	检测顺序	EV(*A*)
4	X2-X3-X1	9.2077
5	X3-X1-X2	9.1575
6	X3-X2-X1	8.0571

由于维修时长期望值越大，则该种检测顺序下，预期的排故总时间越长，因此，本例应按照“X1-X2-X3”的顺序进行故障检测。

3.3.3　考虑瞬时故障率、故障检测时间与恢复时间的方法

在航空装备维修实践中，还存在着这样一种现象：某部件的检测时间远小于其无故障时的恢复时间，比如检测中可能拆下一些易卸难装的部件。因此，需要考虑部件无故障时的恢复时间，以便进行更加细致的分析。

假定 X1、X2、X3 部件经检测无故障时的恢复时间如表 3-9 所示。

表 3-9　故障树底事件检测及恢复时间等

min

事件（部件）	故障判别时间	故障修复时间	检测无故障时的恢复时间
X1	0.4	5.6	5.1
X2	1.4	10.3	2.1
X3	3.5	0.8	10.2

“X1-X2-X3”的检测顺序对应的过程如图 3-11 所示。

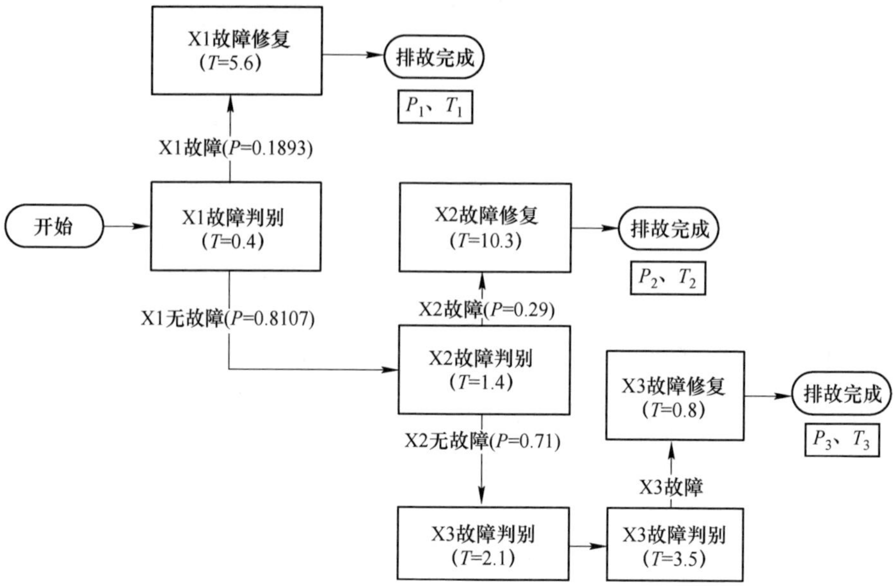

图 3-11　以“X1-X2-X3”顺序进行检测时的时间分析图

经计算可以得到“X1-X2-X3”检测顺序下，排故总工时期望值为 12.835min。类似地，可以得到所有检测顺序的排故总时间期望值，如表 3-10 所示。

表 3-10　故障树底事件所有工序组合的维修时长期望

min

序号	检测顺序	EV(A)
1	X1-X2-X3	12.8350
2	X1-X3-X2	17.2709
3	X2-X1-X3	12.3253
4	X2-X3-X1	14.1662
5	X3-X1-X2	16.0209
6	X3-X2-X1	13.6548

由表 3-10 可知，在“X2-X1-X3”的检测顺序下，排故总时间的期望最小，应按照该顺序进行故障检测。

本方法进一步考虑了无故障时的恢复时间，考虑因素更全面，更符合实际，可为维修一线排故效率提升提供方法支撑。

第4章　飞机梯次状况和使用控制质量评估技术及应用

对飞机进行有效的梯次使用控制，是避免飞机集中送厂大修、确保机群具有数量足够且余寿较为充裕飞机的关键。而飞机梯次状况评估又是梯次使用控制的基础。飞机寿命控制时限一般分为使用时间、起落次数和日历期限等三种。在这几种寿命控制时限中，“飞行时间”通常是飞机需要大修或者到达总寿命的寿命限制。本章介绍飞机梯次的概念、梯次使用控制作用和基本要求，提出飞机梯次状况评估的方法，在此基础上，提出飞机梯次使用控制质量评估的方法。

4.1　飞机梯次状况

梯次是指依照一定次序（标准）将目标分成“级”和“批”，每级（批）称为一个梯次。飞机梯次使用是指基层单位同型飞机的余寿互相保持一定的距离，即在保证机群战备储备充足的条件下，各架飞机有计划地安排使用，使飞机余寿呈现阶梯状排列。发动机梯次使用的概念、作用及控制方法等与飞机类似。

4.1.1　飞机梯次使用控制

飞机梯次使用控制是航空装备使用与保障管理工作中的一项重要内容。实施飞机梯次使用控制的作用有：

（1）在保证飞机在位率与使用寿命满足储备的前提下，有计划地使用飞机，保证各个环节正常运转。

（2）使飞机剩余使用寿命形成合理的梯次间隔，分散飞机大修等工作的时机，避免飞机在短时间内集中到寿。

（3）提前确定、合理分布飞机定检、换发等大项工作的时机，为提高基层维修工作、器材保障工作的预见性、针对性奠定基础。

飞机梯次使用的基本要求有：

（1）同型飞机使用到规定大修时限的剩余使用时间（也称为“剩余阶段寿命”）相互保持一定差距，成梯次排列。

（2）同型飞机使用到规定大修时限的余寿之和与阶段规定寿命之和的比值（称为“余寿比”）符合规定。

4.1.2　代表性梯次状况

4.1.2.1　理想的飞机梯次状况

把飞机的规定寿命分成若干个间隔段，每架飞机按照剩余阶段寿命归属到某一个间隔段。若间隔段长度为 100h，则可得到（0，100]，（100，200] ……等间隔段。在理想情况下，各间隔段内的飞机数量彼此相等，并且用飞机梯次图描述时，各相邻 2 架飞机之间的余寿差相同。

若用图形来表示，则可以用飞机号为横坐标、飞机剩余阶段寿命为纵坐标，绘制飞机余寿对应的柱状图。这种图称为“飞机梯次图”。理想的飞机梯次状况对应的梯次图如图 4-1 所示。

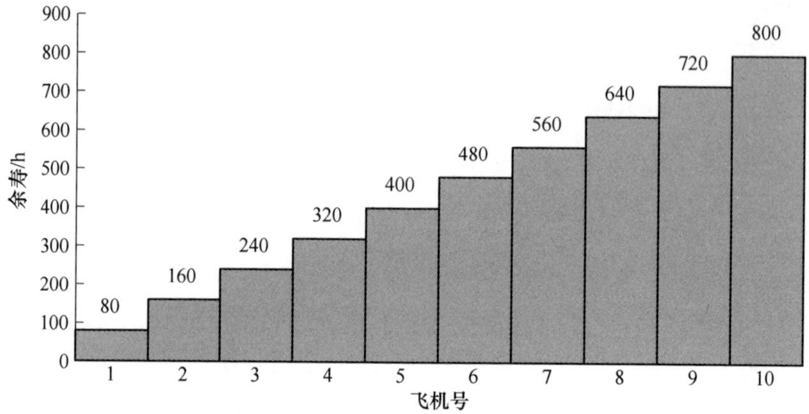

图 4-1　规定寿命下的理想梯次图

理想的飞机梯次状况，以数列的概念表述如下：一个单位同型号飞机的余寿 $t_{si}(i = 1, 2, 3, \cdots, N$, N 为飞机架数）排列为等差数列

$$t_{s1} = d,\ t_{s2} = 2d,\ \cdots,\ t_{sN} = Nd \tag{4-1}$$

式中，$d = \dfrac{T_g}{N}$，T_g 为阶段规定寿命。

在总余寿保持不变的情况下，当前飞机状况所对应的理想状况的飞机梯次状况，也可推导得到。

$$t_{si} = id \tag{4-2}$$

假设 N 架飞机余寿从小到大排列为 t_{s1}，t_{s2}，$\cdots$，t_{si}，$\cdots$，t_{sN}，计算总余寿为 T_s

$$T_s = \sum_{i=1}^{N} id \tag{4-3}$$

可得

$$d = \frac{T_s}{\sum_{i=1}^{N} i} \tag{4-4}$$

若当前 10 架飞机的余寿之和 T_s 为 3520h，则 d 为 64h。在飞机余寿之和不变的情况下，余寿最小的飞机为 64h，相邻飞机余寿差为 64h，最大余寿为 640h。飞机梯次如图 4-2 所示。

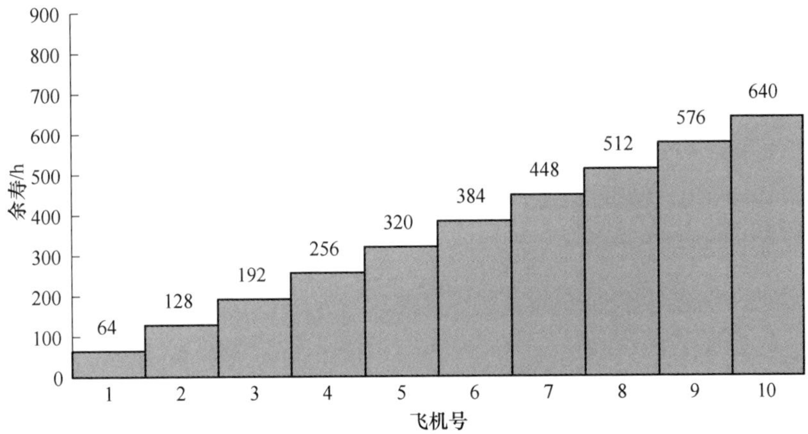

图 4-2　阶段余寿之和不变情况下某状况的理想梯次图

4.1.2.2　典型的飞机梯次状况

本书归纳出 5 种典型的飞机梯次状况。假设某单位有某型飞机 10 架，阶段规定寿命 $T_g=800$h。虽未采用典型单位飞机编制架数，但并不影响方法的有效性。

（1）典型情况一

飞机梯次结构较为合理，余寿充足，是比较理想的飞机梯次状况。为简便起见，该类型飞机梯次状况记为“A 型”，代表性数据如表 4-1 所示，梯次图如图 4-3 所示。

表 4-1　A 型状况下飞机余寿

飞机号	1	2	3	4	5	6	7	8	9	10
余寿/h	60	110	160	240	270	380	470	580	670	780

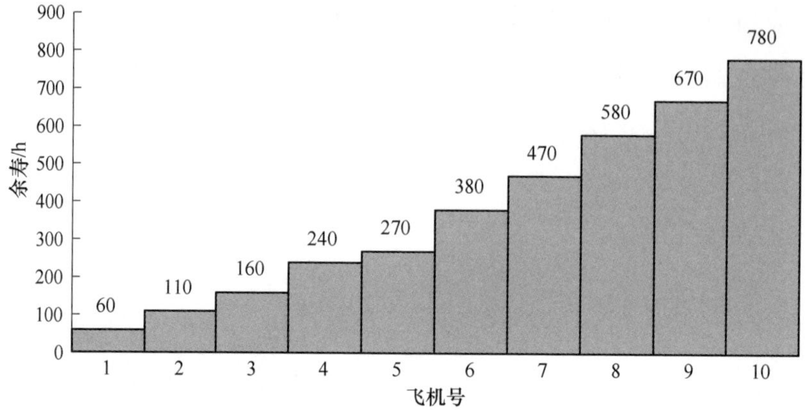

图 4-3　A 型梯次图

(2) 典型情况二

飞机梯次结构不合理，没有拉开梯次使用，但飞机余寿充足，飞机之间余寿差距小。通常是新接装单位的飞机梯次状况。该类型飞机梯次状况记为“B 型”，代表性数据如表 4-2 所示，梯次图如图 4-4 所示。

表 4-2　B 型状况下飞机余寿

飞机号	1	2	3	4	5	6	7	8	9	10
余寿/h	500	520	560	600	640	650	700	710	750	780

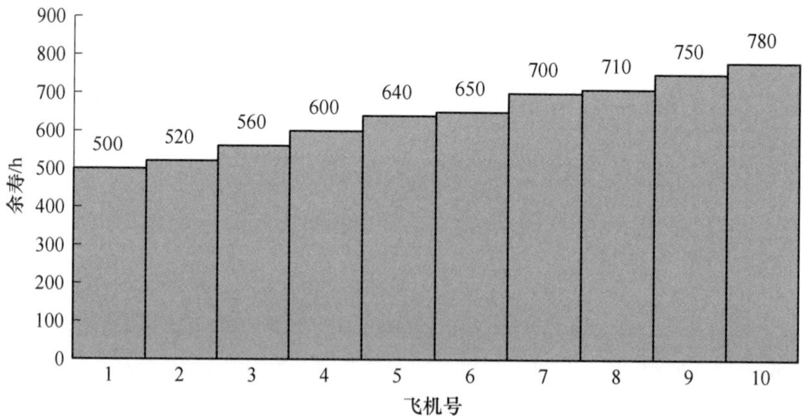

图 4-4　B 型梯次图

(3) 典型情况三

飞机梯次结构不合理，飞机余寿之间存在“断层”。存在部分余寿特别少的飞机，以及部分余寿较多的飞机时，就属于这种情况。该类型飞机梯次状况记为“C 型”，代表性数据如表 4-3 所示，梯次图如图 4-5 所示。

表 4-3　C 型状况下飞机余寿

飞机号	1	2	3	4	5	6	7	8	9	10
余寿/h	60	80	100	120	150	550	580	600	680	780

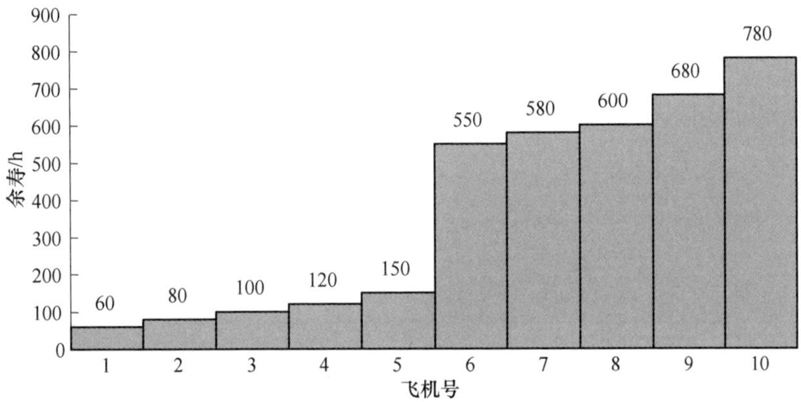

图 4-5　C 型梯次图

(4) 典型情况四

飞机梯次结构合理，但机群总余寿不足，各飞机的余寿均偏低。老旧机型没有新机或大修飞机补充寿命时，就会出现这种情况。该类型飞机梯次状况记为“D 型”，代表性数据如表 4-4 所示，梯次图如图 4-6 所示。

表 4-4　D 型状况下飞机余寿

飞机号	1	2	3	4	5	6	7	8	9	10
余寿/h	60	100	150	180	210	260	310	360	410	450

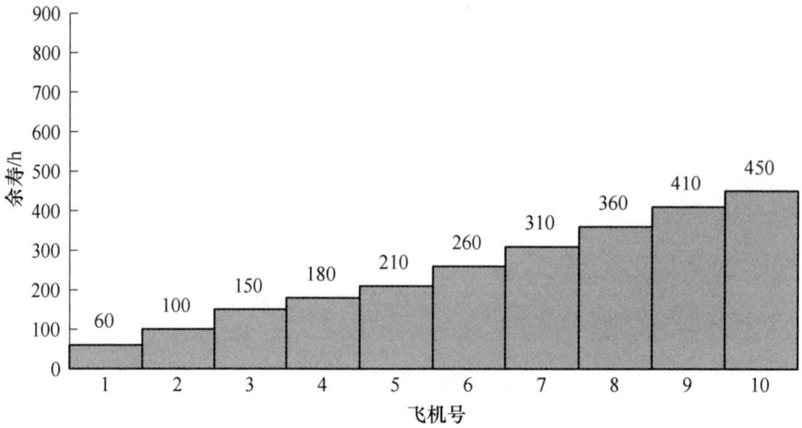

图 4-6　D 型梯次图

(5) 典型情况五

飞机总体梯次结构较为合理，但部分飞机余寿相近、没有拉开梯次。该类型飞机梯次状况记为“E 型”，代表性数据如表 4-5 所示，梯次图如图 4-7 所示。

表 4-5　E 型状况下飞机余寿

飞机号	1	2	3	4	5	6	7	8	9	10
余寿/h	60	110	160	240	250	260	280	580	670	780

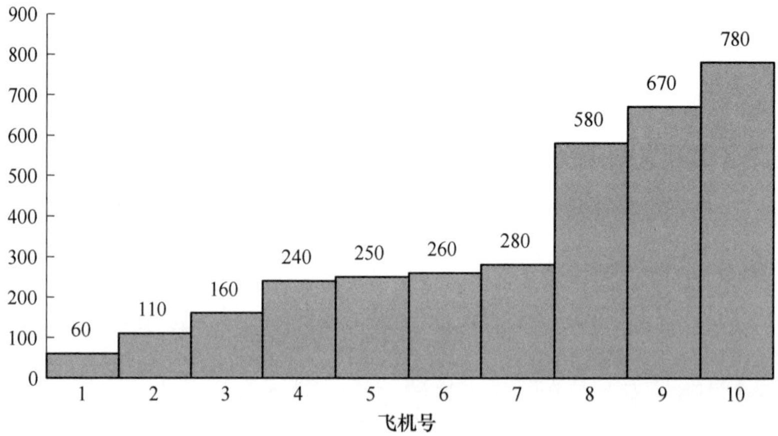

图 4-7　E 型梯次图

4.2　飞机梯次状况评估方法

飞机梯次状况可以用量化方法评估，也可以使用定性方法进行评估。本书按照由易到难的基本思路，探索应用多种量化方法来评估飞机梯次状况，再探索定性评估的方法。

4.2.1　基于平均差、标准差及变异系数的评估

（1）基本思路

平均差、标准差、变异系数，都可以反映一组数据的离散程度。因此，可以通过分析一组飞机余寿值的平均差、标准差及变异系数，来评估梯次状况。

考虑到适用性，本小节仅介绍基于变异系数的评估方法。

（2）应用过程

方法的应用过程如下：

①获取各架飞机的余寿。

②计算飞机余寿的标准差和平均值。

③计算变异系数。变异系数=标准差/均值。

④应用评估准则进行评判。

评估准则：变异系数越小，余寿分布越集中；反之，越分散。变异系数越靠近理想型对应的变异系数，梯次状况越好。

（3）对典型梯次状况评估的结果

以 5 种典型梯次状况为例，计算对应的变异系数，见表 4-6。

表 4-6 各典型梯次状况下的变异系数

类型	理想型	A 型	B 型	C 型	D 型	E 型
变异系数	0. 55	0. 66	0. 14	0. 78	0. 53	0. 74

可以看出，基于变异系数的评估方法很好地区分了理想型、A 型、C 型和 E 型的梯次状况。

计算得到的变异系数的结果：B 型<D 型<理想型<A 型<E 型<C 型。按照评估准则，梯次理想程度的顺序为：理想型>D 型>A 型>E 型>C 型>B 型。但实际上，A 型最接近理想状态，而不是 D 型；B 型和 D 型，变异系数低于理想型，但是两者的总余寿要么过于充足，要么不足，并不是理想的飞机梯次状况。

（4）特点分析

对于具有不同阶段规定寿命的不同单位而言，利用变异系数可以进行归一化处理。但变异系数只能反映离散程度，离散程度越小并不代表梯次状况越好，如实例分析中的 B 型和 D 型，因为变异系数只能反映梯次分布离散程度，没有考虑到余寿之和的约束。

4. 2. 2 基于与理想点距离的评估

（1）基本思路

利用各架飞机当前余寿与理想状态下该机余寿之间的距离评估当前梯次状况与理想梯次状况的接近程度。用距离表征飞机梯次状况与理想型的接近程度，并通过距离的大小来评估梯次状况。

（2）应用过程

①定义每架飞机当前余寿与理想余寿之间的距离 M。

M=理想余寿−当前余寿，表示当前飞机余寿与理想状态下余寿的偏差。M 为正时，表示当前余寿低于理想状态下的余寿；M

为负时，表示当前余寿高于理想状态下的余寿。

②计算各架飞机的 M 值后，计算 M 值的均值。

③应用评估准则进行评估。

评估准则：M 值的平均值越小，表明当前梯次状况越接近理想梯次状况，梯次状况越好。

（3）对典型梯次状况评估的结果

以 5 种典型的梯次状况为例，分别计算每种梯次状况的 M 值，计算对应 M 的均值，如表 4-7 所示。

表 4-7 当前余寿与理想余寿之间的距离

h

类型	飞机号										
	1	2	3	4	5	6	7	8	9	10	M 均值
A 型	4	18	32	16	50	4	−22	−68	−94	−140	−20
B 型	−436	−392	−368	−344	−320	−266	−252	−198	−174	−140	−289
C 型	4	48	92	136	170	−166	−132	−88	−104	−140	−18
D 型	4	28	42	76	110	124	138	152	166	190	103
E 型	4	18	32	16	70	124	168	−68	−94	−140	13

根据 M 值的均值来评判各典型梯次状况偏离理想梯次的程度：E 型<C 型<A 型<D 型<B 型。其中，A 型、B 型、C 型的距离为负值，说明当前余寿普遍大于理想型，D 型、E 型距离为正值，说明当前余寿普遍小于理想型；B 型、D 型和理想型距离相差甚远，两者的平均水平远大于 A 型、C 型、E 型梯次状况的最大水平，E 型和 C 型最接近理想型；但这与实际不符，实际是 A 型最接近理想梯次。因此，M 值的均值仅能较好地反映 B 型、D 型的梯次状况。

（4）方法改进

分析方法的不足之处，主要是正值、负值求均值的过程中，

消除了部分偏差。为此，可以进行改进。定义每架飞机当前余寿与理想余寿的距离 $N=|理想余寿-当前余寿|$，表示当前飞机余寿与理想状态下余寿的差的绝对值。

其他过程与 M 值评估一样。以 5 种典型梯次状况为例，计算对应 N 值的均值，得到表 4-8。

表 4-8　各典型梯次状况下 N 的均值

类型	理想型	A 型	B 型	C 型	D 型	E 型
均值	0	44.8	289	108	103	45.4

根据 N 值的均值来评判各典型梯次状况偏离理想梯次的程度：A 型<E 型<D 型<C 型<B 型。A 型和 E 型最接近理想型，其余典型梯次与理想梯次偏差较大。可以看出，N 值较 M 值更好，因为 N 值的平均值能较好反映出典型梯次状况距离理想型的真实差距。

（5）特点分析

该方法计算过程简洁。在求平均值的过程中，M 值会正负抵消掉距离偏差的大小，而 N 值不会。利用 N 值，可以较好地反映飞机的梯次状况。

4.2.3　基于相邻飞机之间余寿差的评估

（1）基本思路

飞机余寿完全或接近成等差数列分布则认为是梯次分布良好，但有一个前提：公差合理，也就是相邻两架飞机的余寿差要合理。为此，通过分析相邻两架飞机的余寿差的分布，来判断梯次状况是否接近等差分布。

（2）应用过程

①将飞机余寿从小到大排列。

②计算相邻两架飞机的余寿差。

③将得到的余寿差作为一组数据，计算其极差、标准差和均值。

④应用评估准则进行评判。

评估准则：极差和标准差反映余寿差分布的离散程度，均值反映余寿差分布的一般水平；极差和标准差越小，余寿差分布越集中，反之，越分散；均值越大则余寿差分布对应的值越大，反之，越小；极差、标准差和均值越接近理想型对应的极差、标准差和均值，梯次状况通常越好；理想状态下，相邻两架飞机之间的余寿差是固定的。

（3）对典型梯次状况评估的结果

以 5 种典型飞机梯次状况为例，统计相邻飞机之间的余寿差分布，见表 4-9。计算相应的评估值，见表 4-10。

表 4-9　相邻飞机之间的余寿差

h

序号	当前理想型	A 型	B 型	C 型	D 型	E 型
1	64	50	20	20	40	50
2	64	50	40	20	50	40
3	64	80	40	20	30	80
4	64	30	40	30	30	10
5	64	110	10	400	50	10
6	64	90	50	30	50	20
7	64	110	10	20	40	300
8	64	90	40	80	50	90
9	64	110	30	100	40	110

表 4-10 相邻飞机余寿差分布的评估指标

指标	类型					
	当前理想型	A 型	B 型	C 型	D 型	E 型
标准差	0	30	14.52	123.59	8.33	90.34
极差	0	80	40	380	20	290
均值	64	80	31.11	80	42.22	78.89

以当前余寿下的理想梯次作为评估依据，则余寿差分布的理想水平为 64h。标准差显示余寿分布的离散程度：D 型<B 型<A 型<E 型<C 型，A 型、D 型和 B 型余寿差离散程度较小，说明余寿差分布比较稳定，极差也证明了这一点；C 型与 E 型离散程度较大。平均值显示余寿差分布距离理想分布距离远近：A 型=C 型<E 型<D 型<B 型，A 型、C 型与 E 型最接近理想水平，D 型与 B 型距理想水平差距较大。

（4）特点分析

考虑相邻飞机余寿差的分布与余寿的分布具有较好的一致性，但不同机型的阶段规定寿命不同，考虑余寿差的评估方法的可比性降低，因此，余寿差可以不考虑余寿的差异造成的评估误差。可以看出，余寿分布合理但总余寿偏低的梯次状况，本方法的评估结果并不好，如 D 型。若某一时间间隔段的余寿分布不合理，但其余间隔段余寿分布合理，且余寿较为充足，这样的梯次状况的评估结果，并非最差，如 E 型。

4.2.4 基于余寿间隔内飞机架数分布的评估

（1）基本思路

理想状态下，各余寿间隔段内飞机的数量应当一致。可将飞机实际在各余寿间隔段内分布的数量，与理想状况下分布数量相比较，以此为基础进行分析，评估梯次状况的好坏。

（2）应用过程

①确定飞机余寿间隔段。一般地，从 0h 开始，余寿间隔 d 为 100h，间隔段数量为 N_e（$N_e = T_g/100$）。

②统计各梯次间隔段内飞机的架数 f_i，计算 f 的标准差。

③应用评估准则进行评判。

评估准则：飞机架数数列 f 的标准差越小，梯次状况通常越理想，反之，梯次状况通常不合理。

（3）对典型梯次状况评估的结果

以 5 种典型梯次状况为例，统计每种梯次状况的飞机架数分布见表 4-11，计算飞机架数 f 分布的标准差，见表 4-12。

表 4-11　余寿间隔内的飞机架数分布

余寿间隔/h	A 型	B 型	C 型	D 型	E 型
(0，100]	1	0	3	2	1
(100，200]	2	0	2	2	2
(200，300]	2	0	0	2	4
(300，400]	1	0	0	2	0
(400，500]	1	1	0	2	0
(500，600]	1	3	3	0	1
(600，700]	1	3	1	0	1
(700，800]	1	3	1	0	1

表 4-12　飞机架数分布的标准差

类型	理想型	A 型	B 型	C 型	D 型	E 型
标准差	0	0. 4629	1. 4880	1. 2817	1. 0352	1. 2817

典型梯次状况飞机架数分布的标准差显示：A 型飞机架数分布最为集中，B 型飞机架数分布最差。实际上，B 型余寿充足，可调控空间大，梯次状况并非最差。

（4）特点分析

该方法从飞机分布的架数出发进行分析，计算量小；但对于余寿分布合理但飞机架数分布不符合规定、飞机架数分布符合规定但余寿分布不够合理等情况的鉴别力不够好。

4.2.5 基于梯次均匀度的评估

（1）基本思路

飞机梯次分布是否合理，可以利用均匀度来表示。为此，可以计算均匀度来评估梯次状况的好坏。

（2）应用过程

①将 N 架飞机余寿从小到大排列。

②计算飞机余寿梯次均匀度 λ。

$$\lambda = \left[1 - \sqrt{\frac{\sum_{i=1}^{N-1}(t_{s(i+1)} - t_{si} - \Delta)^2 + (t_{s1} + T_g - t_{sN} - \Delta)^2}{(N-1)\Delta^2 + (T_g - \Delta)^2}}\right] \times 100\% \tag{4-5}$$

式中，$\Delta = T_g/N$。

③应用评估准则进行评估。

评估准则：飞机余寿间隔均等于理想间隔 Δ 时，飞机余寿梯次均匀度等于 100%，为最佳梯次结构。当飞机余寿全部相等时，飞机余寿梯次均匀度 λ 等于 0，为最差的梯次状况。通常，λ 介于 0 到 100%之间。λ 较大时，飞机余寿梯次状况较好，反之，较差。

（3）对典型梯次状况评估的结果

以 5 种典型梯次状况为例，计算飞机余寿梯次的均匀度，理想间隔取 $\Delta=80$h，利用余寿梯次均匀度公式，计算结果见表 4-13。

表 4-13　典型梯次状况的梯次均匀度

类型	理想型	A 型	B 型	C 型	D 型	E 型
λ	100%	88.82%	38.64%	53.94%	53.92%	66.32%

按照 λ 进行分析，飞机梯次状况优劣顺序为：理想型 > A 型> E 型 > C 型 ≈ D 型 > B 型。B 型梯次状况最差；C 型和 D 型梯次均匀度基本一致，C 型前半部飞机余寿总体偏低，但梯次结构较好，后半部飞机余寿充足，梯次状况较好，“断崖”部分影响了整个梯次结构；D 型总体梯次状况较好，但是余寿总体偏低。

（4）特点分析

采用飞机余寿梯次均匀度评估飞机余寿梯次结构，可以较好地反映梯次状况，便于准确掌握飞机余寿梯次控制情况。该方法也适合不同机型、不同单位之间梯次状况的横向比较，是一种适用范围较广的定量评估方法。

4.3　多种寿命条件下梯次状况评估方法

上述方法只考虑了飞行小时这一种寿命。实际上，大部分飞机还有飞行起落、日历年限等寿命，本书称为飞机的“多种寿命”。对于大部分飞机而言，通常存在一种“紧缺寿命”，即对于某一型号的飞机而言，其几种寿命控制方式中，通常是该种寿命达到限制要求导致飞机需要大修或者达到总寿命限制。

本书针对多寿命条件下的飞机梯次状况评估，提出基于逐种寿命分析、基于飞机架数分布等两种定量评估方法和基于气泡图的可视化评估方法。

4.3.1 基于逐种寿命分析的评估

（1）基本思路

计算飞机机群在不同寿命下的变异系数，以反映机群总体情况。

（2）应用过程

①梳理每架飞机的几种寿命（为描述简便，选取最为常见的三种寿命：飞行时间、起落次数、日历寿命）。

②计算每一种寿命对应的变异系数 C_v。

③应用评估准则进行评估。

评估准则：三种寿命对应的变异系数一致，说明三种寿命控制一致。由前文可知，理想型的变异系数 C_v 为 0.55，越靠近 0.55 寿命控制越好，反之，越差。当 C_v 小于 0.55 时，对应的寿命为充足寿命；C_v 大于 0.55 时，对应的寿命为紧缺寿命。

（3）评估结果示例

①以 A 型飞机的寿命控制情况为例，见表 4-14。

表 4-14　飞机梯次三种寿命分布情况（A 型）

飞机号	1	2	3	4	5	6	7	8	9	10
飞行时间/h	60	110	160	240	270	380	470	580	670	780
起落次数/次	50	120	150	230	240	370	430	570	660	780
日历寿命/月	2	3	5	6	9	11	14	16	16	18

②计算三种寿命控制方式下的变异系数，见表 4-15。

表 4-15　各种寿命的变异系数（A 型）

寿命类型	飞行时间/h	起落次数/次	日历寿命/月
变异系数	0.6627	0.6833	0.6627

③评估结果：比较变异系数，飞行小时寿命和日历寿命控制基本趋于同步，起落次数有一定的差异，存在起落次数“提前到寿”的可能，起落寿命控制的梯次状况不好。

类似地，可以对其他类型进行评估。因篇幅所限，不再赘述。

（4）特点分析

利用变异系数，可以方便比较两组或更多量纲和均值均不同的寿命。因此，本方法可以对不同单位、不同机型的梯次状况横向比较时使用。但在几种变异系数的值差异较大时，评判起来较为复杂。

4.3.2　基于飞机架数分布的评估

（1）基本思路

通过两种寿命之间的对应关系，统计每一架飞机两种余寿的相互关系，用比值 ω 表示，通过设置一定的区间，分析每架飞机余寿分布情况，来评估飞机梯次状况。

（2）应用过程

①梳理每架飞机的余寿情况。

②确定两种寿命的比值 ω，计算每架飞机的 ω 值。

③确定 ω 的波动范围（一般可选择±20%）。

④得到 ω 分布数量。

⑤应用评估准则进行评估。

评估准则：若绝大多数飞机的 ω 值落入（0.9ω，1.1ω）区间内，则梯次状况分布较为合理；反之，如果大多数飞机落入其他区间，则梯次状况分布不够合理。

（3）评估结果示例

以 E 型梯次状况为例进行分析。

①梳理各架飞机寿命情况，见表 4-16。

表 4-16　飞机寿命信息（E 型）

飞机号	飞行时间/h	起落次数/次	日历寿命/月
1	60	82	1.6
2	110	66	1.98
3	160	224	4
4	240	288	4.56
5	250	200	5
6	260	390	6.24
7	280	280	6.72
8	580	522	14.5
9	670	402	13.4
10	780	936	20.28

②选择飞行时间、日历寿命控制方式进行分析。飞机阶段规定寿命 800h，规定年限 10 年，定义：ω=日历寿命/飞行时间，则理想点 ω=0.15。

③计算每架飞机的寿命控制情况，见表 4-17。

表 4-17　飞机寿命控制情况

飞机号	1	2	3	4	5	6	7	8	9	10
飞行时间/h	60	110	160	240	250	260	280	580	670	780
日历寿命/月	1. 6	1. 98	4	4. 56	5	6. 24	6. 72	14. 5	13. 4	20. 2
ω	0. 26	0. 18	0. 25	0. 19	0. 2	0. 24	0. 24	0. 25	0. 20	0. 26

④划分区间分布，按照 20%的范围控制标准（即 0. 03 的波动范围），确定飞机在理想点附近的分布状况，见表 4-18。

表 4-18　标准控制区间内的飞机架数分布

区间	(0，0. 06]	(0. 06，0. 12]	(0. 12，0. 18]	(0. 18，0. 24]	…	(0. 24，0. 30]
飞机架数	0	0	1	5	…	4

⑤评估结果：区间（0. 12，0. 18］为理想区间，飞机架数仅分布 1 架，绝大多数分布在（0. 18，0. 3］区间，表明日历寿命与飞行时间寿命不同步，日历寿命“紧缺”。

（4）特点分析

通过两种寿命方式飞机架数的分布情况，判断寿命控制情况，可以在某一方面反映飞机梯次状况。但该方法侧重于分析不同寿命的均衡性，剩余寿命在不同梯次间隔段分布的合理性方面评判力较弱。

4. 3. 3　基于气泡图的可视化评估

（1）基本思路

将三种寿命绘制在一张平面图内，利用横纵坐标与气泡的大小分别表示不同的寿命，在评估准则的基础上，通过直观的观察与比较，判断梯次状况。

（2）应用过程

①梳理飞机寿命情况。

②绘制气泡图。纵坐标表示飞机起落次数，横坐标表示飞行小时，气泡的大小表示日历寿命长短，在此基础上添加辅助图形，分别是飞行小时寿命对应的标准日历寿命气泡图、飞行小时与起落次数一一对应的分界线，如图 4-8 所示。

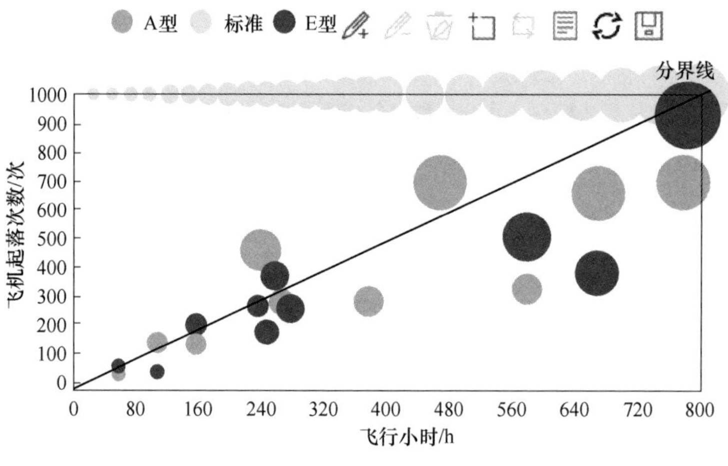

图 4-8　三种寿命控制的气泡图

③应用评估准则进行评估。

评估准则：

a. 气泡位于分界线附近的，飞行小时寿命与飞机起落次数寿命基本保持一致；

b. 气泡位于分界线上方的，飞机起落次数寿命为“紧缺寿命”；

c. 气泡位于分界线下方的，飞行小时寿命为“紧缺寿命”；

d. 关于日历寿命，以标准的飞行小时寿命与日历寿命的对应关系来评估日历寿命紧缺与否，比如确定某一架飞机的飞行小时寿命，如果实际日历寿命与规定标准一样，则日历寿命一致，如果实际日历寿命比规定标准小，则日历寿命“紧缺”。

（3）评估结果示例

利用气泡图评估 A 型和 E 型。

A 型：4 号和 7 号飞机在分界线上方，且日历寿命比规定标准多，飞机起落次数和日历寿命紧缺；8 号飞机在分界线下方，且日历寿命比规定标准少，飞行时间紧缺。

E 型：6 号飞机在分界线上方，飞机起落次数和日历寿命紧缺；9 号飞机在分界线下方，且日历寿命比规定标准少，飞行时间紧缺，日历寿命过剩；10 号飞机日历寿命比规定标准多，日历寿命紧缺；A 型飞机分布区间较为合理，基本上平均分布在飞行时间区间内；E 型飞机分布主要集中在飞行时间 100h 到 300h 区间。

（4）特点分析

气泡图从三个维度表示了所有寿命，添加的辅助线易于直观地比较分析寿命控制状态。缺点是气泡之间可能相互重叠，此时难以进行比较，而且气泡图没有精确的数值以表示寿命的长短。

4.4　梯次状况评估方法的比较

上述从不同角度提出的梯次状况评估方法，都有各自的优缺点。有的方法之间是互补关系，有的方法之间是递进关系，定量评估方法之间的比较见表 4-19。

表 4-19　梯次状况定量评估方法比较

评估方法	特　　点
基于变异系数的评估法	不能区分 B、D 型，没有约束总余寿
基于与理想点的距离的评估法	*M* 值区分 B、D 型，会掩盖偏差，*N* 值区分所有
基于相邻飞机之间余寿差的评估法	能反映各型的分布特点，区分 C、E 型
基于余寿间隔内飞机架数分布的评估法	区分 B、C 型，没有约束总余寿
基于梯次均匀度的评估法	显示各型的结构特点，区分所有

考虑不同的因素评估梯次状况，可以较为全面地了解梯次状况，针对飞行时间、起落次数与日历寿命三种寿命控制方式，提出了定量与可视化的评估方法，这些方法的比较见表 4-20。

表 4-20　多寿命控制的梯次状况评估方法比较

评估方法	特　　点
基于逐种寿命分析的评估法	不能反映不同寿命之间的联系，适用于已经拉开梯次的机群控制使用
基于不同寿命的飞机架数分布的评估方法	能反映每一架飞机的寿命控制分布情况，适用于绝大多数梯次状况评估
基于气泡图的可视化评估法	直观，可能存在气泡重叠，大小不易判断

4.5　飞机梯次使用控制质量评估方法

飞机梯次状况评估是针对某一时刻“静态”的评估；在实际工作中，随训练的进行，飞机梯次状况是动态变化的。飞机梯次使用控制，就是要尽可能使飞机梯次保持好的状态。一段时间内飞机梯次使用控制的质量，可以称为“飞机梯次使用控制质量”，也需要进行评估。相比飞机梯次状况评估，这种评估属于“动态”的评估。飞机梯次使用控制质量评估是对一个时间段的评估，为描述方便，用评估期起点、评估期终点，来表示该时间段的起点、终点。

4.5.1　基于优劣解距离的评估方法

（1）基本思路

分别确定评估期起点、终点的理想最优点、最劣点，计算各架飞机与理想最优点、最劣点对应飞机之间的距离，并利用距离的大小评估梯次使用控制质量。

（2）应用过程

①界定最优点与最劣点

最优点：在余寿之和不变的情况下，理想梯次状况下各架飞机的余寿分布。为简便起见，以各架飞机之间形成等差数列、首架飞机余寿值为数列差值 d，来进行估算。

最劣点：在余寿之和不变的情况下，各架飞机的余寿相等。

假定某一时刻某单位飞机余寿之和为 4030h，则对应的最优点、最劣点如表 4-21 所示。

表 4-21　最优点、最劣点下飞机余寿状况

飞机号	1	2	3	4	5	6	7	8	9	10
最优点/h	73.3	146.6	219.9	293.2	366.5	439.8	513.1	586.4	659.7	733
最劣点/h	403	403	403	403	403	403	403	403	403	403

②计算距离

计算在评估期起点、终点，机群余寿实际分布到理想最优点、最劣点的距离。

③计算距离的平均值

为消除机群规模的影响，将距离除以飞机架数。

④应用评估准则进行评判

某一时刻的评估准则：机群余寿分布距离最优点的距离为望小值，越小越好；余寿分布距离最劣点的距离为望大值，越大越好。

评估期起点、终点之间比较的评估准则：评估期结束时，距离最优点的值变大，表示梯次状况变差，该值越大，表示梯次使用控制质量越差；距离最劣点的值，与之相反。

（3）评估结果示例

以 A 型梯次状况为例进行说明。假设 6 月机群共使用了 310h 飞行时间的寿命，以 6 月 1 日、6 月 30 日为评估期起点、终点，评估期起点、终点时飞机余寿分布如表 4-22 所示。

表 4-22　飞机当前与使用后的余寿分布情况

飞机号	1	2	3	4	5	6	7	8	9	10
起点/h	60	150	200	280	310	410	520	600	700	801.5
终点/h	60	110	160	240	270	380	470	580	670	780

①评估期起点

各架飞机与最优解的距离为

$$D_S^Y = (13.3,\ 3.4,\ 19.9,\ 13.2,\ 56.5,\ 29.8,\ 6.9,\ 13.6,\ 40.3,\ 67)$$

各架飞机与最劣解的距离为

$$D_S^L = (343,\ 253,\ 203,\ 123,\ 93,\ 7,\ 117,\ 197,\ 297,\ 397)$$

机群余寿分布距最优解的距离为 26.39h，距最劣解的距离为 203h。

②评估期终点

各架飞机与最优解的距离为

$$D_e^Y = (7.6, 25.2, 42.8, 30.4, 68, 25.6, 3.2, 39.2, 61.6, 104)$$

各架飞机与最劣解的距离为

$$D_e^L = (312, 262, 212, 132, 102, 8, 98, 208, 298, 408)$$

机群余寿分布距最优解的距离为 40.76h，距最劣解的距离为 204h。

可见，经过一个月的使用，距离最优点的距离变大，距离最劣点的距离基本没有变化，因此，可以认为该月梯次使用控制质量不够好。

（4）特点分析

距离能反映实际点与最优（劣）点之间的距离，且量纲相同，计算方便。但考虑到两个点距离值可能存在分别向好、向差变化的可能，因此，不便于评估分析。为此，可以考虑将各类距离折算为一个指标值。

在本方法的第 3 步，可以进一步考虑飞机余寿越大调控余度越大的实际情况，在处理各架飞机与最优点、最劣点的距离时，进行加权。加权的方法有多种，本文不再赘述。

4.5.2　基于 TOPSIS 的评估方法

（1）方法思路

在基于优劣解距离评估法的基础上，将实际点到最优点、最劣点的距离合并为一个值，以方便评估。

（2）应用过程及示例

①确定评估数据

按照“基于优劣解距离的评估方法”，计算得到当前余寿状况到对应最优点、最劣点的距离。

②计算评估期起点、终点综合指标值

分别计算评估期起点、终点的综合指标值，公式为

$$K = D^L/(D^L + D^Y) \tag{4-6}$$

式（4-6）参照了 TOPSIS 的思想。其中，D^L 表示某一梯次状况与最劣解的距离，D^Y 表示某一梯次状况与最优解的距离。

对于示例而言，评估期起点 K 值为 0.8845，评估期终点 K 值为 0.8335。

③比较起点、终点的综合指标值的大小

K 值越大，说明梯次状况越好。

对于示例而言，评估期终点 K 值变小，说明评估期飞机梯次使用质量不佳。

（3）特点分析

加权后的距离是标量，可以直接进行比较，应用起来比较方便。

4.5.3 基于增量与进度的评估方法

（1）基本思路

飞机实际使用与计划使用相比变动的量，即为增量 Δt；一段时间内的计划使用时间完成百分比，称为完成率。

利用增量、完成率表征评估期内飞机余寿变化、使用计划执行情况，是飞机使用计划执行的客观描述。基于上述两个指标，评估梯次使用控制质量。

（2）评估过程

①统计飞机计划使用与实际使用的情况。

②计算每架飞机对应的增量与完成率。

③应用评估准则进行评判。

评估准则：增量与进度越靠近计划使用时间，则梯次使用控

制质量越好；反之，越不好。

（3）评估结果示例

以 A 型梯次下飞机梯次使用控制为例，假定每架飞机使用时间的增量与进度如表 4-23 所示。总增量 $\Delta t=-3$（h），使用计划完成率为 99.17%；2 号、3 号、6 号飞机超计划使用；4 号、8 号、9 号飞机使用量少于计划。

表 4-23　飞机使用时间的增量与进度

飞机号	1	2	3	4	5	6	7	8	9	10
计划使用时间/h	24	36	30	45	48	30	24	42	45	36
实际使用时间/h	24	45	36	37	45	36	24	36	40	36
增量 Δt/h	0	9	6	−8	−3	6	0	−6	−5	0
进度 S	100%	125%	120%	60%	94%	120%	100%	86%	89%	100%

（4）特点分析

增量与完成率，可以反映梯次使用与飞机使用计划的相符度，便于监控单机情况，对于日常遴选飞机等具有一定的指导意义。但该方法在不同单位、不同时段之间比较时，可用性不佳。

4.5.4　基于梯次监控图的评估方法

（1）基本思路

将飞机余寿、计划使用时间、当前使用时间绘制成柱状叠加图。通过分析柱状叠加部分的比例，掌握飞机计划使用情况，评估飞机梯次使用控制质量。

（2）应用过程

①梳理机群信息，包括飞机号、余寿、计划使用时间和当前

使用时间等。

②绘制柱状叠加图，以横坐标表示飞机号，纵坐标表示余寿，用不同的颜色表示当前使用、计划使用与余寿。

③应用评估准则进行评估。

评估准则：如果实际使用与计划使用时间基本一致，说明梯次控制质量良好；如果实际使用与计划使用一致性不够，说明实际使用偏离了使用计划，梯次使用控制质量不好；如果实际使用与计划使用有一部分一致，一部分“滞后”或“超前”，则较难评估梯次控制质量。

（3）评估结果示例

绘制某单位一季度末飞机梯次监控图，如图 4-9 所示。

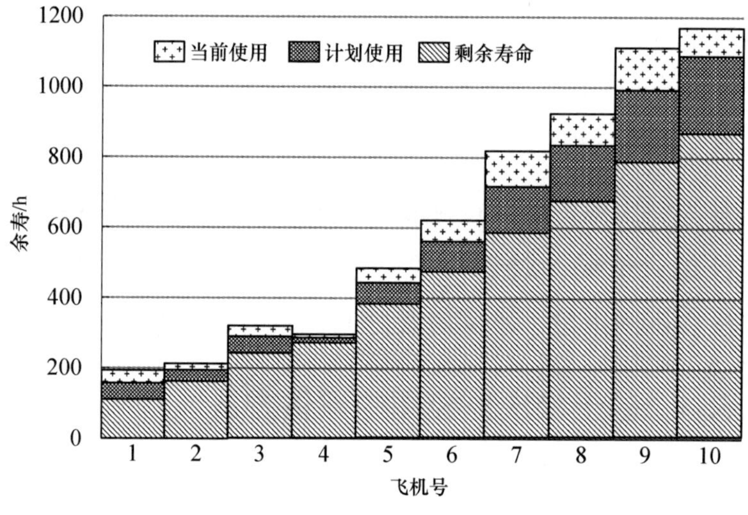

图 4-9　某单位一季度末飞机梯次监控图

（4）特点分析

该方法适合于有飞机使用计划的情况。存在实际使用量“滞后”或者“超前”的情况时，很难判断控制质量。

4.6　梯次使用控制质量评估方法的比较

针对一段时间飞机梯次使用控制质量评估方法的比较如表 4-24 所示。

表 4-24　梯次使用控制质量评估方法比较

序号	评估方法	特　点
1	基于优劣解距离的评估方法	计算简单，但存在两个维度指标，有时不能给出直接结果
2	基于 TOPSIS 的评估方法	将梯次状况与最优点、最劣点的距离转换为一个指标，便于比较
3	基于增量与进度的评估方法	适合有飞机使用计划的情况，反映全面，适合于短期、中期的飞机使用控制评估，但缺乏综合指标结果
4	基于梯次监控图的评估方法	适合有飞机使用计划的情况，直观，但缺乏量化结果

第5章　飞机使用时间控制技术及应用

飞机梯次使用管理的基础是制订合理的飞机使用计划，确定每架飞机在年度、月份中的使用时间。飞机使用计划的质量直接关系到梯次使用控制的成效。本章围绕飞机使用计划制订的核心工作，对飞机使用时间确定进行分析，分析影响使用时间安排的因素，介绍年度及月份使用时间确定的过程、修订的过程与方法，飞机使用计划评价的指标体系及过程。

5.1　飞机使用计划

5.1.1　飞机使用计划管理要点

通常在每年年底前，根据下一年度计划飞行总时间、当前年底时飞机余寿情况等，制订下一年度的飞机使用计划。

制订下一年度飞机使用计划时，首先要确定下一年度计划进厂大修的飞机、进厂月份和可保障时间，再确定其余飞机年度使用时间，并根据各架飞机使用时间之和与预计飞行总时间要相等的规则，修正各架飞机使用时间。在此基础上，分配各飞机每月使用时间，再推算飞机（及发动机）定检、换发等大项工作的时机。对大项工作进行均匀化调整，反向修正飞机月份使用时间，视情调整飞机年度使用时间。

在这一过程中，可行的飞机使用计划可能有多个，可以从不同角度进行评价分析，进而选出较优方案。

制订的飞机使用计划，还要按照规定的流程报批、下发；在计划落实过程中，要定期监控实际与计划之间的偏差，及时调整飞机使用安排，尽力落实使用计划；对于确实无法落实的计划，要尽早合理调整飞机使用计划。

5.1.2　飞机使用时间影响因素

飞机梯次使用时间安排，会受到很多因素的影响，这些因素涉及气候、节假日、人员状况、装备状况等。

（1）任务量因素

$$T_0 = T_s + T_c \tag{5-1}$$

式中：T_0——年度总使用时间；

T_s——任务剩余时间，表示本年度某单位某机型按计划的总剩余任务时间；

T_c——任务已完成时间，表示本年度某单位某机型已完成的总飞行时间。

（2）环境因素

环境对于飞机使用计划的执行有着重要影响。此处的环境指风、云、雾、雪、气压、气温等因素的集合。对飞行组织产生影响的环境因素主要是风、雾、冰雪、沙尘等气象条件，对装备状态产生影响的主要是气温、气压等气候条件。

气象条件主要影响飞机的飞行安排。比如，东南地区夏季多雨、多台风，飞机使用时间会有所减少。气候会对维修工作造成影响，比如在高海拔地区，由于氧气含量低，发动机起动时间通常变长。相同的维修工作，维修工时也会增加，影响飞机再次出动，进而可能影响飞行安排。

（3）装备状态

装备状态主要包括飞机完好状态、特殊使用限制等。选择飞机时，首先考虑飞机完好情况和余寿情况，只有飞机余寿充足且完好才可能飞行；其次，具有限制大过载课目、未安装特定机载设备的飞机，可能无法参加部分任务，应在选择飞机时排除。

（4）人员状态

人员状态对飞机使用时间的安排有很大影响。比如，飞机维修负责人临时不在位时，其负责的飞机一般不用于飞行。

（5）工作组织

安排飞机使用时，通常要保证飞机在位率足够、飞机余寿线尽量平滑，同型飞机的使用时间差异不要过大，以免相应机组工作量过大。

（6）节假日及休假

在重大节假日通常安排人员放假。在制订飞机使用计划时，要充分考虑节假日等的影响。

5.2 确定飞机使用时间的方法

现阶段制订飞机使用计划采取图上作业法，得到飞机年度使用时间的初值，并以此为基础进行优化。

5.2.1　年度使用时间确定

相关文件资料给出了确定飞机大修数量的方法以及采用梯次图上作业法确定年度使用时间初值的过程。

（1）过程

①绘制平面直角坐标系。横坐标为飞机号，纵坐标为飞机余寿。

②绘制飞机余寿柱子。根据余寿从小到大的顺序，绘制各飞机的柱子，柱子高度为飞机余寿。

③绘制标准控制线。从（0，0）到（N，$2\times K\times T_g$）绘制一条线，该线为标准控制线。其中，K 为规定余寿比标准，本书中以 40%（也就是 0.4）为例进行说明；T_g 为该型飞机平均阶段规定寿命。

④计算送修飞机数量 $N_{送}$。

$$N_{送} = \left\lceil \frac{(H_{计} - (H_{飞剩} - k \times T_g \times N))}{T_g} \right\rceil \tag{5-2}$$

式中，⌈⌉表示对计算结果向上取整。若 $N_{送} \geqslant 0$，则表示需要大修飞机；否则，不需要大修飞机。

⑤绘制飞机送修线、补充线。

在 $N_{送} \geqslant 0$ 时，需要绘制飞机送修线、补充线。飞机送修线，为横坐标等于 $N_{送}$ 的一条竖线；飞机补充线，为横坐标等于飞机架数 N 的一条竖线。

飞机补充线右侧，再次绘制送修的余寿最小的 $N_{送}$ 架飞机的柱子，并在其上方各绘制一个高度为 T_g 的虚线柱子，表示该寿命是对应飞机大修出厂后将具备的寿命。

⑥绘制新的标准控制线。

计算单机平均使用时间 $H_{飞平}$

$$H_{飞平} = \frac{H_{计}}{N} \tag{5-3}$$

将标准控制线，向上平移 $H_{飞平}$，向右平移 $N_{送}$，得到一条新的线，即新的标准控制线。

⑦确定单机年度计划使用时间的初值。

上述得到的图形称为飞机梯次图。在飞机梯次图中，需要大修飞机通常按照当前余寿减去 5h 来计算其可使用时间，减去的 5h 用作飞机飞到大修厂的时间。其余飞机，根据当前飞机余寿柱子与新的标准控制线的相互关系来确定其使用时间的初值：柱子高于新的标准控制线的，要比平均使用时间多；柱子低于新的标准控制线的，要比平均使用时间少。

因新的标准控制线对应的函数已知，也可以使用定量计算的方法来确定非大修飞机每架的使用时间的初值

$$H_{计i} = H_i - \frac{2 \times K \times T_g \times (i - N_{送} - 0.5)}{N} \tag{5-4}$$

式中，H_i 为第 i 架飞机年底预期余寿。

⑧对初值进行修正。

依据各架飞机使用时间初值、年度飞行总时间的关系，进行修正。

$$\Delta = \frac{\sum_{i=1}^{N} H_i - H_{计}}{N - N_{送}} \tag{5-5}$$

修正过程中，需要特别留意确定要大修的飞机，这些飞机需留出用于飞到大修厂的几小时，其余寿命应在计划送厂大修日期之前用完。

（2）示例

假设某单位在编飞机 10 架，平均规定寿命为 800h，年度总飞

行时间为 1000h，余寿比规定值假定为 40%，年底飞机剩余总寿命为 3720h。各飞机剩余使用寿命见表 5-1。

表 5-1　飞机余寿表

飞机序号	1	2	3	4	5	6	7	8	9	10
年初余寿/h	60	110	160	240	270	380	470	580	670	780

计算送修飞机架数为 0.6，向上取整的结果为 1，即送修飞机架数为 1 架。送修线后的飞机为序号为 1 的飞机，其在飞机补充线右侧的柱子高度为 60h+800h=860h。

按照式（5-4）得到各架飞机计划使用时间，如表 5-2 所示。

表 5-2　飞机计划使用时间表

飞机序号	1	2	3	4	5	6	7	8	9	10
年初余寿/h	60	110	160	240	270	380	470	580	670	780
计划使用时间（初值）/h	55	78	64	80	46	92	118	164	190	236

累加表 5-2 中各架飞机计划使用时间之和为 1123h，较 $H_{计i}$ 多出 123h。按照式（5-5）计算 $\Delta=13.67$h。据此修正各飞机的计划使用时间，得到表 5-3。

表 5-3　修正后飞机计划使用时间表

飞机序号	1	2	3	4	5	6	7	8	9	10
年初余寿/h	60	110	160	240	270	380	470	580	670	780
计划使用时间（初值）/h	55	78	64	80	46	92	118	164	190	236
计划使用时间（修正后）/h	55	64.33	50.33	66.33	32.33	78.33	104.33	150.33	176.33	222.33
$\Delta=13.67$h										

飞机梯次图如图 5-1 所示。

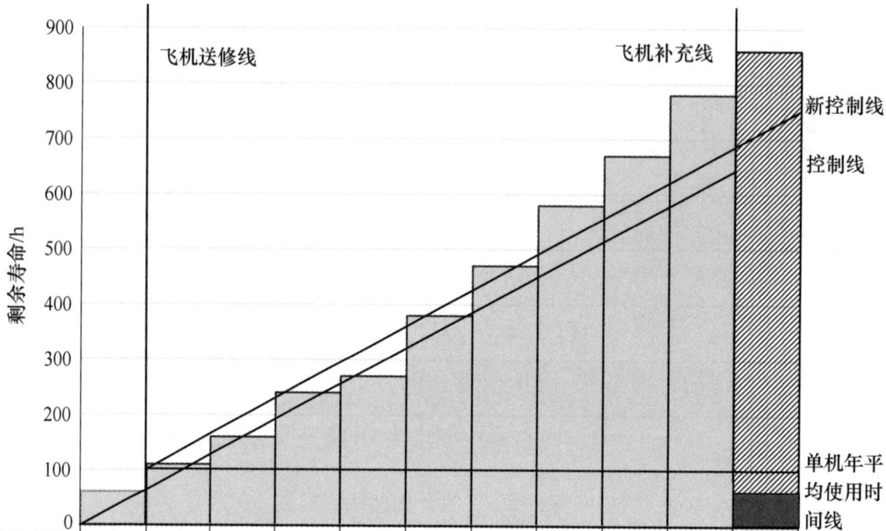

飞机序号	1	2	3	4	5	6	7	8	9	10	11
剩余寿命/h	60	110	160	240	270	380	470	580	670	780	860

图 5-1 飞机梯次图

5.2.2 月份使用时间确定

5.2.2.1 确定单位月份总使用时间

为了使确定的年度以及月份时间更加贴合实际，需要汇总以往年度实际飞行时间来确定各月训练时间在全年中所占的比例，再以此为基础确定每架飞机各月的使用时间。

汇总计算各月飞行时间在前 2~3 年全年飞行总时间所占比例

$$\alpha_i^m = \frac{\sum_i T_i^m}{\sum_i T_i} \qquad i = 1,\ 2,\ \cdots,\ N;\ m = 1,\ 2,\ 3,\ \cdots,\ 12 \tag{5-6}$$

式中：α_i^m——前第 i 年 m 月飞行时间占年度使用时间的比例；

T_i^m——前第 i 年 m 月飞行时间；

T_i——前第 i 年年度使用时间。

实际应用中，也可为较近年度分配较大权重、较远年度分配较小权重。

5.2.2.2　确定单机月计划使用时间

确定单机各月使用时间的基本原则如下：

（1）对于大修飞机，按照正常使用强度，确定每月使用时间。

（2）对于非大修飞机，根据该机年度计划使用时间，将其按照各月份分配比例分布到各月份之中。

$$H_i^m = H_i \times \alpha_i^m \tag{5-7}$$

式中，H_i^m 表示第 i 架飞机第 m 个月的计划使用时间。

5.2.2.3　调整单机月计划使用时间

在初步确定单机每月使用时间后，应预估每架飞机年度大项维修工作，包括定检、换发、更换起落架等。根据结果调整各架飞机每月的使用时间，使得单位所有飞机的定检及大项工作在各月（接近）均匀分布。

在此基础上，形成飞机使用计划表，并在上报批准后下发。

5.3　飞机计划使用时间分配方案评价方法

飞机使用时间调整分配方案，缺少一个统一的量化过程，因此，不同人进行此项工作会得到不同的结果。这些结果孰优孰劣，需要进行评判。

5.3.1 评价指标体系

飞机使用时间分配的不同方案之间通常需要直接比较优劣。为此，考虑构建一个指标体系，从多个方面进行综合评判。

经过调研、分析，遵循可比、可操作、可量化、系统性、简明、科学等原则，确定了从维修停飞率合格度、余寿梯次均匀度、计划消耗寿命比例一致度、预防性维修工作均衡度等方面构建评价指标体系。

5.3.1.1 维修停飞率合格度

该指标以 Z_1 表示，用于对某一时间段内，同型飞机满足维修停飞率不高于 15%的情况进行评价。

飞机经过一段时间的使用，可能需要大修、定检或者更换发动机等。在实际工作中，由于一些定检工作只需要 1~2 天就可完成，对飞机使用安排、维修工作的影响不大，为此，考虑持续时间为几天甚至更长的工作。典型的情况如某型飞机 600h 定检，需要一周左右的时间。

$$D_i^j = \begin{cases} 1 & \dfrac{t_{ic}^j}{d_i} \geqslant 1 \\ 0 & \dfrac{t_{ic}^j}{d_i} < 1 \end{cases} \tag{5-8}$$

式中：D_i^j——第 j 周第 i 号飞机的维修停飞次数；

t_{ic}^j——第 i 号飞机在第 j 周初从上次停飞维修完毕后已飞行时间；

d_i——第 i 号飞机从上次停飞维修完毕至下次飞机停飞维修的间隔时间。

当飞机需要停飞维修时，D_i^j 的值为 1，反之不需要停飞维修时 D_i^j 的值为 0。

$$N_D^j = \sum_{i=1}^{n} D_i^j \tag{5-9}$$

式中，N_D^j 表示第 j 周该单位该型飞机进行停飞维修的飞机总架数。

$$Z_1^j = \begin{cases} 0 & \dfrac{N_D^j}{N \times 15\%} \leqslant 1 \\ 1 & \dfrac{N_D^j}{N \times 15\%} > 1 \end{cases} \tag{5-10}$$

式中，N_1^j 表示第 j 周该型飞机的维修停飞率是否符合不高于 15% 的要求。

由于 Z_1^j 表示的是一段时间内维修停飞率是否符合不高于 15% 的要求，因此是一个阶段函数，当该段时间内维修停飞率符合要求时，Z_1^j 的值为 0，否则为 1。

$$Z_1 = \frac{1}{\sum_{j=1}^{52} Z_1^j + 1} \tag{5-11}$$

式中，Z_1 为该单位全年维修停飞率合格度指标。

该指标的数值表示全年存在维修停飞率不合格周的数量。该值越小，则维修停飞率合格度越高，飞机使用计划越合理；反之，飞机使用计划越不合理。为避免出现分母为 0 的情况，所以通过加 1 进行调整。

5.3.1.2　余寿梯次均匀度

该指标以 Z_2 表示，用来对飞机余寿梯次排列均匀状况进行评价。

假设某一单位有飞机 N 架，各飞机剩余使用寿命从小到大依次为 t_1，t_2，…，t_N，则飞机余寿梯次均匀度指标 Z_2 可表示为

$$Z_2 = \left(1 - \frac{\sqrt{\sum_{i=1}^{N-1}(t_{i+1} - t_i - \Delta)^2 + (t_1 + T_g - t_n - \Delta)^2}}{(n-1)\Delta^2 + (T_h - \Delta)^2}\right) \times 100\% \tag{5-12}$$

$$\Delta = \frac{T_g}{N} \tag{5-13}$$

式中：T_g——该机型平均规定寿命；

Δ——飞机余寿的理想间隔。

Z_2 的值越大，则各飞机余寿间隔越靠近理想间隔，即梯次状况越好；当飞机余寿间隔均等于理想间隔 Δ 时，$Z_2 = 100\%$。当各飞机余寿完全相等时，$Z_2 = 0$，此时飞机梯次状况最差。

5.3.1.3 计划消耗寿命比例一致度

该指标以 Z_3 表示，用于对飞机使用寿命消耗指标“飞行时间”与“日历寿命”同步的程度进行评价。Z_3 值越小，各飞机计划消耗寿命比例越一致。

假设 N 架飞机的使用计划中，各飞机全年使用计划链中两种寿命计划消耗时间一致性指标为 z_3^1，z_3^2，…，z_3^N，则 Z_3 可表示为

$$Z_3 = \left(1 - \frac{\sum_{i=1}^{N} z_3^i}{N}\right) \times 100\% \tag{5-14}$$

式中，z_3^i 表示第 i 号飞机全年计划消耗寿命一致性。

$$z_3^i = \frac{\sum_{i}^{12} z_{3m}^i}{12} \tag{5-15}$$

式中，z_{3m}^{i}表示第 i 号飞机第 m 月计划消耗寿命一致性指标。

$$z_{3m}^{i} = \sqrt{\left(\frac{S_{if}^{m}}{S_{iF}} - \frac{S_{ir}^{m}}{S_{iR}}\right)^{2}} \tag{5-16}$$

式中：S_{if}^{m}——第 i 号机第 m 月底已飞行时间；

S_{iF}——第 i 号飞机总飞行时间；

S_{ir}^{m}——第 i 号飞机第 m 月底已消耗日历寿命；

S_{iR}——第 i 号飞机总日历寿命。

5.3.1.4　预防性维修工作均衡度

以 Z_4 指标表示。由于大部分单位实行机组负责制，一段时间内不同飞机的使用时间存在差异，可能导致不同机组工作量差距较大的情况出现，因此设置 Z_4 指标，用来衡量预防性维修工作量的均衡度。Z_4 值越小，则维修工作量的均衡度越高，各机组之间的工作量越接近，梯次使用计划越合理。

$$b_{i}^{m} = \frac{w_{iF}^{m}}{w_{iF}^{m} + w_{iD}^{m}} \tag{5-17}$$

式中：b_{i}^{m}——第 m 月第 i 号飞机外场所需预防性维修工作量在内场、外场工作量中的比例；

w_{iF}^{m}——第 m 月第 i 号飞机因飞行所需外场进行的预防性维修工作量预估；

w_{iD}^{m}——第 m 月第 i 号飞机开展定检等内场进行的预防性维修工作量预估。

b_{i}^{m} 值越大，说明这段时间内外场保障工作占比越大。因为飞机使用计划本身考虑了各月份时间的合理分配问题，而且外场机务维修工作环境更艰苦，所以 b_{i}^{m} 应尽量小。

$$B_m = \sqrt{\frac{\sum_{n=1}^{N}(b_i^m - \overline{b^m})^2}{N}} \tag{5-18}$$

式中：$\overline{b^m} = \frac{1}{N}\sum_{i=1}^{N} b_i^m$，表示第 m 月该单位所有飞机外场工作分布占比平均值；

B_m 表示第 m 月该单位所有飞机外场工作分布占比的标准差。

B_m 的值越小，说明该单位这个月所有飞机外场工作分布占比越接近，各机组之间的工作量越接近。

$$Z_4 = \left(1 - \frac{\sum_{m=1}^{12} B_m}{12}\right) \times 100\% \tag{5-19}$$

式中，Z_4 表示该单位全年该机型预防性维修工作量的均衡度。

指标 Z_4 表示机组之间工作量的均衡程度，Z_4 越小，则表示不同机组之间工作量的差距越小。现实中，过于追求 Z_4 指标最小化会干扰基层单位训练的开展，因此，通常在其他指标接近的情况下，尽可能选取 Z_4 指标较小的方案。

5.3.2 飞机计划使用时间分配方案 AHP 评价法

在确定评价指标体系以后，还需要确定各个指标的权重，并进行评判，采用层次分析法（analytical hierarchy process，AHP）进行。

AHP 方法是一种常用的多目标属性决策方法，它把一个复杂问题表示为有序的递阶层次结构，通过人们的判断对决策方案的优劣进行排序，能够把决策中的定性和定量因素进行统一处理。AHP 形式简单、结构严谨，应用广泛。

5.3.2.1 构造判断矩阵

判断矩阵是 AHP 方法的基础。它是指针对上一层次某一因素，本层次有关元素之间的相对重要性。假定以上一层的元素作为准则，对下一层的元素有支配关系，在准则下，按其相对重要性对下一层的元素赋予相应的权重。若将它们两两地比较权重，其比值可构成矩阵。

为了量化各指标重要性两两比较判断的结果，可借助表 5-4 给出的标度定义进行。首先构造综合评价指标体系 4 个指标的重要性的两两比较判断矩阵。

表 5-4 判断矩阵标度定义

标度	含 义
1	2 个要素相比，具有同样重要性
3	2 个要素相比，前者比后者稍重要
5	2 个要素相比，前者比后者明显重要
7	2 个要素相比，前者比后者强烈重要
9	2 个要素相比，前者比后者极端重要
2，4，6，8	上述相邻判断的中间值
倒数	2 个要素相比，后者与前者的重要性相比较的标度为后者与前者比较时的倒数

通过对维修停飞率合格度指标 Z_1、余寿梯次均匀度指标 Z_2、计划消耗寿命一致性指标 Z_3、预防性维修工作均衡度指标 Z_4 等进行比较判断后，构造的两两比较判断矩阵如表 5-5 所示。

表 5-5 4 个指标重要性两两比较判断矩阵

A	Z_1	Z_2	Z_3	Z_4
Z_1	1	$\boldsymbol{x}_{12}$	$\boldsymbol{x}_{13}$	$\boldsymbol{x}_{14}$

表 5-5（续）

A	Z_1	Z_2	Z_3	Z_4
Z_2	$1/\boldsymbol{x}_{12}$	1	$\boldsymbol{x}_{23}$	$\boldsymbol{x}_{24}$
Z_3	$1/\boldsymbol{x}_{13}$	$1/\boldsymbol{x}_{23}$	1	$\boldsymbol{x}_{34}$
Z_4	$1/\boldsymbol{x}_{14}$	$1/\boldsymbol{x}_{24}$	$1/\boldsymbol{x}_{34}$	1

5.3.2.2 确定评价指标的相对权重

确定比较矩阵后，确定各指标相对权重的方法主要有求和法、方根法、特征根法以及最小二乘法等，从 4 种方法中选择其一即可。实践中，可在 Yaahp 软件中输入表 5-5 的判断矩阵，得到表 5-6 所示 4 个指标的相对权重。

表 5-6　4 个评价指标的相对权重

要素	权重
维修停飞率合格度指标 Z_1	W_1
余寿梯次均匀度指标 Z_2	W_2
计划消耗寿命比例一致性指标 Z_3	W_3
预防性维修工作均衡度指标 Z_4	W_4

5.3.2.3 一致性检验

指标体系有 4 个评价指标，$n=4$，经计算可得 $\lambda_{\max}$，其一致性指标为

$$\text{C. I.} = \frac{\lambda_{\max} - n}{n - 1} \tag{5-20}$$

对应的平均随机一致性指标 R. I. =0. 89，则当其一致性比例

$$\mathrm{C.R.} = \frac{\mathrm{C.I.}}{\mathrm{R.I.}} < 0.1 \tag{5-21}$$

通过一致性检验；否则，需要修改判断矩阵。

5. 3. 2. 4　确定满意的使用时间分配方案

确定各飞机计划使用时间分配方案各个指标值后，进行加权求和，可以得到对应方案综合评分

$$S = W_1 \times Z_1 + W_2 \times Z_2 + W_3 \times Z_3 + W_4 \times Z_4 \tag{5-22}$$

根据各方案的分值，选择分值大的方案即可。

第6章　机群寿命管理仿真技术及应用

保证足够规模、寿命充足的飞机是基层单位保障力形成的基本物质基础。因此，机群寿命管理非常重要。本章通过分析飞机使用、补充和送厂大修过程的逻辑关系，建立了机群寿命补充、消耗的概念模型，并基于仿真软件建立对应的系统仿真模型；运行仿真模型，对几种典型的机群寿命状况下的飞机使用方法、大修厂大修能力和相关指标进行分析，为开展飞机送修安排、大修能力建设等决策提供方法支撑。

6.1　仿真的概念及工具

仿真（Simulation），是系统仿真（system simulation）的简称，它是研究世界的一种重要方法。许多情况下，直接对实际系统本身进行实验研究是十分困难、昂贵或者完全不可能的，建立一个现实系统的模型作为替代品研究该系统，这就是仿真。

6.1.1　仿真概念与技术

（1）系统

系统是由相互作用、相互依赖的若干组成部分结合而成的，具有特定功能的有机整体。系统都具有三个共同的要素：实体、属性、活动。实体就是组成系统的具体对象或元素。属性是系统中实体所具有的某些特性、元素本身或是各种行为的规律性描述。活动是特定长度时间内引起系统变化的过程。

（2）模型

模型是为实现特定目的，提取真实系统的某些特性构造而成的可替代真实系统的替代物，是系统的一种抽象形式。它可以分为数学模型、物理模型、结构模型、思维模型以及仿真模型等。

（3）仿真

系统仿真（system simulation）的本质是以对系统进行分析为目的，通过对系统中各关键要素各自性质和这些要素之间相互关系的研究，建立描述系统结构和行为过程、具有一定逻辑关系或数量关系的仿真模型，并根据建立的模型进行相关实验，对结果进行分析，为正确决策提供信息支撑。

系统、模型和仿真三者之间存在密切联系：系统是研究的对象；模型是对系统的抽象表达，是系统与仿真之间的桥梁；仿真是一种基于模型的活动。从技术上看，仿真可以分为离散事件仿真（discrete event simulation，DES）、元胞自动机（celluar automata）仿真、多智能体（Multi-agent）仿真等多种。其中，离散事件仿真技术出现时间早，适用场景多，应用广泛。在航空装备保障领域应用较为广泛的也是离散事件系统仿真。

离散事件系统仿真应该首先建立概念模型，对系统的各个逻辑关系加以描述，其次对系统中的各个活动进行分析，然后通过仿真软件将概念模型在计算机上进行实现，在计算机上建立仿真模型，然后运行该模型，对结果加以研究分析，以实现研究目的。

6.1.2 常用仿真软件

系统仿真的软件工具有很多种，比如 ExtendSim、Witness、Arena、Simio、AutoMod、Flexsim、ProModel 等，不同的仿真软件各有特点。

ExtendSim 仿真软件，具有较高的灵活性和可拓展性，能够较好地对离散事件系统或者连续系统进行仿真。该软件可以与多种程序语言代码链接，还可集成主流数据库数据；支持用户自己创建新模块；采用多层次模型结构，逻辑分明；具有较强的可视化效果，支持动画和三维建模技术。

Witness 仿真软件，支持连续的流体系统和离散系统的仿真，广泛应用在电子工业、汽车产业、制造业、航空业、运输业等领域。该软件建模交互性较好，软件提供丰富的输入方式、模型单元，能够快速地创建系统流程模型；具有较好的可调性，运行规则丰富、仿真策略多样且灵活；提供大量的建模支持，有大量系统共用函数、定义行为规则的函数、定义元素属性的函数和仿真中时间触发的相关函数等，方便用户建立模型。

Arena 仿真软件，是基于 SIMAN 和 CINEMA 仿真语言的软件，广泛应用在社会系统、服务系统和制造系统等领域。该软件具有良好交互性和可视化仿真环境，可以与 C、C++、Visual Basic 等多种语言编写的程序相链接。

Simio 仿真软件，是由美国 SimioLLC 公司在 2004 年推出的基于“智能对象”技术的三维系统仿真软件。它可用于离散事件仿真，又可用于连续事件仿真，在机场、港口、客运站仿真分析，供应链设计与优化，装配线优化以及军事资源配备等多个领域得到应用。Simio 软件可以支持动态性高的离散系统；支持多种内部数据表和外部数据源的绑定，以及动态导入和导出，访问数据方便、高效；采用面向对象的建模方法，提供了丰富的对象模块和过程库，方便使用者设计自己的对象模块；内置 3D 技术，可以一键由 2D 视图转化为 3D 视图，提高了建模的效率。

6.2　飞机机群寿命管理概念模型

6.2.1　机群寿命补充与消耗的形式

对于基层单位而言，飞机机群寿命管理的基本要求可以概括为：①储备的寿命余量符合相关要求，且各飞机余寿之间形成梯次。②寿命补充和消耗相对稳定。前者是在保证余寿储备量的基础上，确保飞机具有一定的数量，避免出现余寿总量够但可用飞机数量少的情况。后者是为了实现飞机送修、出厂等相对平稳，避免出现大的波动进而导致大修需求、资金需求等方面的大幅波动。两者共同确保飞机使用消耗和补充过程总体平稳，余寿充足，在队可用飞机数量足够，随时可以满足战备需求。

（1）机群寿命补充。飞机机群寿命补充，主要通过大修飞机修竣后归队、接装新机的形式进行。飞机调入、借入，以及飞机延寿等，会导致基层单位机群寿命跳跃式增加，可以看作一类特殊的补充。

（2）机群寿命消耗。飞机机群寿命消耗，主要以飞机参加训练、执行任务等形式进行。飞机调出、借出，以及飞机发生事故或者损伤而报废等，会导致基层单位机群寿命跳跃式降低，可以看作一类特殊的消耗。

由于飞机调入调出、借入借出，以及事故损伤等情况较为少见，因此，本书主要考虑飞机大修、新机接装、日常使用等常见的寿命消耗和补充的方式。

6.2.2 机群寿命补充的过程

飞机机群寿命补充主要是飞机大修和飞机补充。

飞机补充包括补充新生产的飞机、从其他单位调入或借入飞机，而补充的时间取决于飞机生产能力、生产周期、采购计划或调装计划等。本书对新机补充方式和时间不做过多讨论，假定为立即补充的方式，即某一飞机到总寿后立即补充一架新飞机。

对于基层单位而言，主要根据飞机余寿状况、未来任务情况来确定飞机大修需求。在全局层面考虑飞机送修安排时通常需要考虑：

（1）各单位飞机情况。比如，有些单位机群余寿非常少，就要优先安排大修。

（2）大修厂情况。比如，若大修厂待大修飞机已经堆积，且后续大修需求较少，可适当推后送修。

（3）任务情况。若后续任务量增加很多，需要尽早安排大修，以储备余寿。若一些单位后续任务量降低，可以优先安排其他单位的飞机大修。

可以利用排队论建立飞机大修的概念模型。排队论也被称为随机服务系统理论。在排队论中，要求服务的对象统称为“顾客”，把提供服务的人、机构或设备称为“服务台”。不同的顾客与服务台组成了各式各样的服务系统。顾客到达服务台，若不能立即获得服务而又允许排队等待，则加入等待队伍，待获得服务后离开系统，该过程如图 6-1 所示。

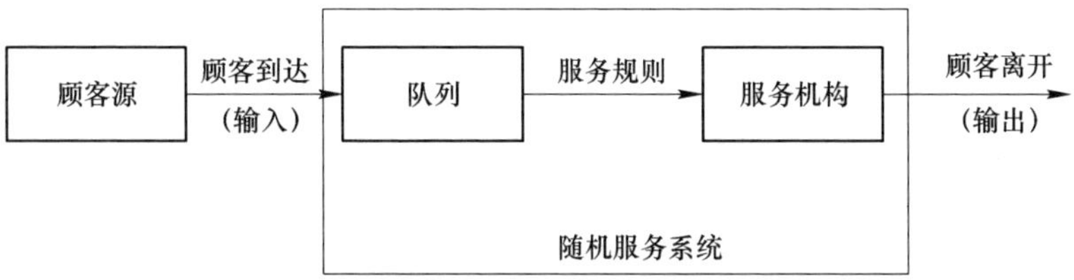

图 6-1　随机服务系统

飞机送厂大修的过程，可以看作是一个排队的过程。被送修的飞机是“顾客”，大修厂是“服务台”。通常某个机型的飞机，有一个或几个对应的大修厂，因此，飞机送厂大修模型是一个有限源系统（M/M/s/m/m 系统）模型，如图 6-2 所示。

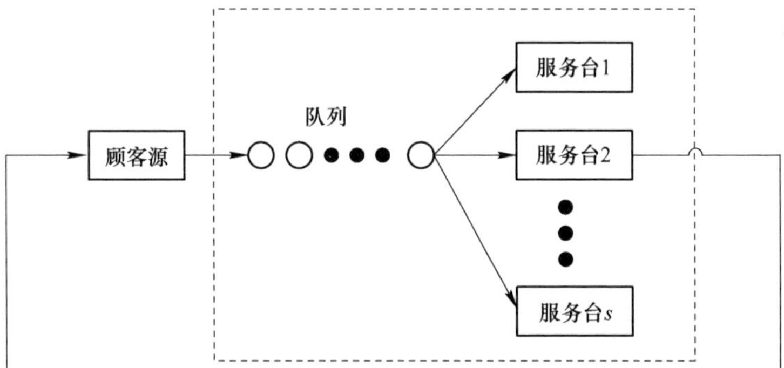

图 6-2　M/M/s/m/m 系统结构

从飞机使用保障的角度来讲，关注飞机大修及返回，这一过程可抽象为两个循环判定过程：待大修飞机到达过程和飞机大修实现过程，如图 6-3、图 6-4 所示。

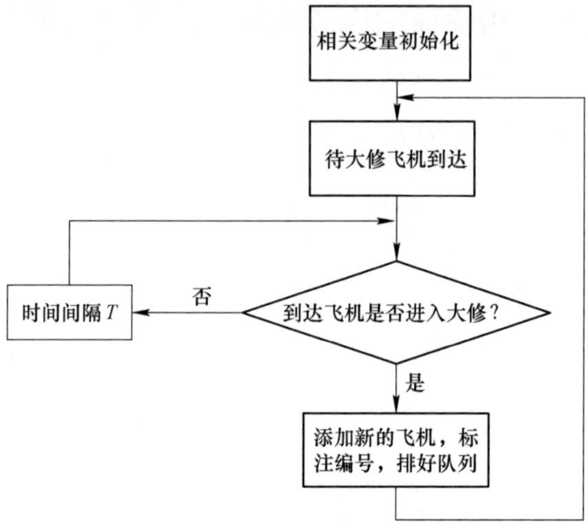

图 6-3　等待大修飞机到达的逻辑

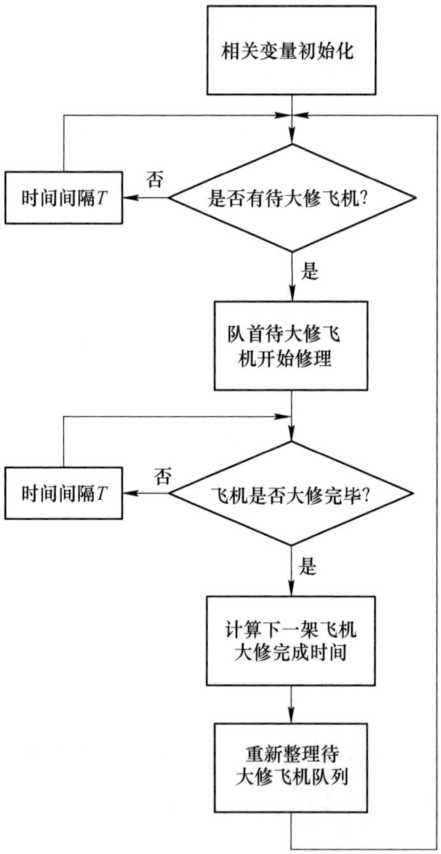

图 6-4　飞机大修仿真的逻辑

6.2.3　机群寿命消耗的过程

机群寿命消耗的主要途径是飞机有计划的使用。飞机使用计划制订的过程及方法，参见第 5 章。影响飞机使用计划落实的因素有很多，典型的因素如图 6-5 所示。

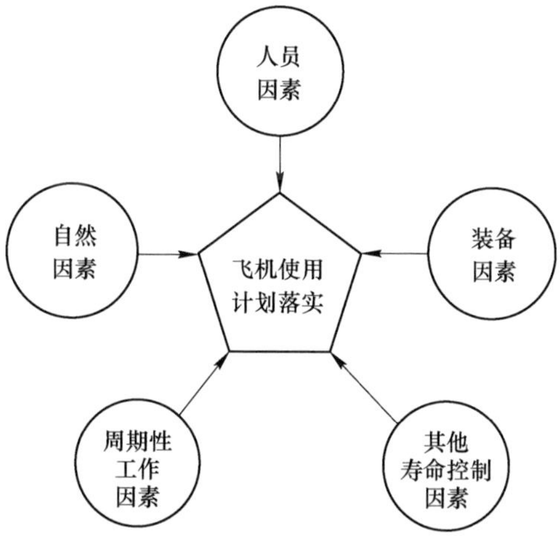

图 6-5　飞机使用计划落实影响因素

（1）自然因素，比如季节因素、自然灾害因素等。

（2）人员因素，比如飞行员疗养、机务保障人员休假等。

（3）周期性工作因素，比如定期检修、技术通报落实等。

（4）装备因素，比如故障、飞机和发动机余寿不匹配、特技动作对于飞机性能的特殊需求等。

（5）其他寿命控制因素，比如日历寿命的控制、各种状态寿命的控制等。

6.2.4 飞机机群寿命补充与消耗的概念模型

机群寿命补充与消耗，主要与飞机使用、飞机大修和补充飞机有关。飞机使用、大修和补充之间相互形成的关系如图6-6所示。

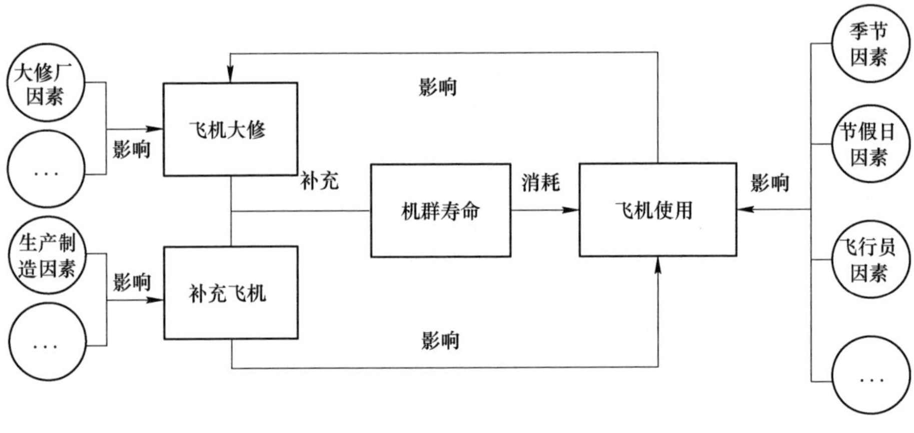

图6-6 飞机使用、大修和补充之间相互关系示意图

飞机的使用主要按照飞行年度使用计划进行，其过程受到飞行任务、季节因素等多方面影响；使用过程中要使飞机余寿形成良好的梯次，以确保飞机充足可用。

在机群寿命补充中，飞机大修安排是根据任务量和飞机余寿状况确定的，及时合理地安排大修是保证机群寿命的关键。从宏观上看，飞机送厂大修的过程就是一个排队系统，大修厂生产线数量、大修能力等因素会影响大修的时长，影响平均队长、平均等待时间、服务台利用率等指标。

在本书假定的条件下，当有飞机到达规定总寿命时，立即补充新飞机，需要在日程表上标明。

6.3　基于 Simio 软件的仿真模型

排队论系统通常用离散事件仿真软件进行仿真，在可供选择的 Simio、ExtendSim、Witness、Arena、AutoMod、Flexsim、ProModel 等软件中，选择 Simio 软件进行仿真，主要是看重其面向对象的开发方法和便捷的 3D 视图模式。

6.3.1　Simio 软件相关概念

应用 Simio 软件建立模型，必然会涉及 Simio 软件中的一些概念。常用的概念如下。

（1）实体（Entities）：实体本身具有智能行为，能够拒绝请求或者做决策等，它可以表示接受服务的人、零件或者材料等，还可以表示一些比较抽象的概念，比如传递的信息、派发的工时任务、信号或者订单等。实体可以被创造或者销毁，可以进入或者离开固定类对象，也可以被运载器拾取、运输和放下。它位于 Project Library 实体库中，二维视图中为绿色三角形，也可以自定义其外观形状。

（2）固定类对象（Fixed Objects）：固定类对象，可以用于创造实体、处理实体或者销毁实体，主要用来模拟系统中有相对固定位置的对象，如工厂、服务台等，也可以表示服务系统中各种服务概念。在设施编辑器中，它的位置是固定的，不会在系统运行中发生移动。到达源（Source）就是一种典型的固定类对象。

（3）连接（Link）：连接对象有很多种，包括连接器、路径、时间路径和传送带等，模型中的连线就是连接对象，主要连接各个固定类对象，是系统中实体的通路，也是实体移动的载体。它可以反映一定的物理距离或者时间。

（4）队列（Queue）：Simio 软件中没有专门的队列对象，在设施编辑器视图中，从标准对象库中拖拉出来的对象很多带有绿色的线，这就是队列。事实上是某个 Storage 或者 Station 元素所表示的存储空间。

（5）过程（Process）：过程是描述 Simio 软件中模型系统的内部逻辑，也可以用于改变实体、固定类对象的属性值，标准库中提供的每个实体和对象内部都有自己的过程，使用者可以根据自己的需求进行自定义。过程编辑器是 Simio 软件的核心功能，使用者可以通过编辑可视化的流程图来改变模型运行逻辑，也可以改变模型对象行为逻辑。过程除了由步骤构成外，还有一些辅助内容，包括令牌、元素和状态。过程编辑器中的基本步骤有创建（Create）、判断（Decide）、延迟（Delay）、执行（Execute）、转移（Transfer）、插入（Insert）等。

（6）令牌（Tokens）：令牌具有一个或多个使用者自定义状态，记载了从一个步骤到另一个步骤的信息，而且能引用一些相关的对象或实体。在定义视图中，可以为一个自定义令牌添加多种离散型或连续型的状态变量。令牌中有一个默认的状态变量，称作返回值。

（7）对象定义编辑器（Definitions）：主要有两个功能，既允许使用者查看每个模型中的默认事件、属性和状态，也允许进行自定义对象的操作。

（8）实验器（Experiments）：在仿真系统中，经常需要改变某个实体或路径的属性值来观察仿真结果的变化，从而更好地了解该属性对仿真系统的影响。通过实验器，可以在属性中创建一个变量，然后在 Experiment 中创建多个方案，每个方案中可以设置不同的属性值，还可以设置试验次数，运行后，软件会很快完成实验。

Simio 软件中还有很多其他概念，如表达式编辑器、附加过程触发器、节点、对象范式和系统函数等，在此不作赘述。

6.3.2　Simio 软件仿真处理逻辑

6.3.2.1　飞机使用与补充过程的处理逻辑

飞机使用与补充过程的基本处理逻辑如下：

（1）确定初始条件。以单位飞机数量、单位年度飞行任务量、各架飞机初始余寿情况、飞机总寿命、飞机阶段规定寿命等为初始条件。

（2）计算送修飞机数量。根据年度飞行任务量和各架飞机初始余寿，依据送修飞机计算公式，计算出送修飞机数量 $N_{送}$，如果 $N_{送}$不是整数，则向上取整，并且根据余寿低于年平均使用时间的飞机数量对其进行修正。

（3）确定单机年度使用时间。按照飞机年度使用模型，把年度飞行任务分解到每架飞机：

①计划大修飞机的飞行时间为年初余寿减去 5h。

②其余飞机依次进行分解，其中包括下一年计划从大修厂返回单位的飞机。如果某架飞机的 H_i 为负数，则该飞机的年度计划使用时间为 0；如果某架飞机 H_i 大于余寿，则减小 H_i 为余寿-5，该飞机少飞的时间平均分给其他未修正的飞机。

（4）将单机年度使用时间分解到每个月。主要考虑单位影响飞机使用时间的影响因素，确定各个因素对月飞行强度的影响矩阵和各个因素的重要度系数，进行归一化处理后得到月飞行强度系数向量 $\boldsymbol{E}$。不送修的飞机按照月飞行强度系数的比例将该飞机年度使用时间分配到每个月；将要大修飞机的月使用时间单独考虑，按照平均单机月使用时间推算即可。

（5）如果有飞机到总寿，立即补充新飞机，飞机号沿用到总寿飞机的飞机号。

在对多个基层单位的机群寿命进行仿真时，逐个单位进行上述处理即可。

6.3.2.2 飞机大修过程的处理逻辑

使用 Simio 软件中的源产生实体，来模拟基层单位需要大修的飞机；使用服务台，来模拟大修厂；通过实体在服务台中排队的过程，来模拟飞机大修过程；使用销毁器销毁从服务台中出来的实体，来模拟飞机大修完成返回原单位的情况。

一般情况下，各基层单位的飞机不能串用，即 A 单位送修的飞机，大修后仍返回 A 单位。所以用不同的实体仿真不同单位的飞机。

大修优先级确定的规则，在 Simio 软件中通过改变服务台的接受规则来模拟。比如，若待大修飞机多的基层单位的大修优先安排，则设置“优先从等待实体多的源中接受实体”。

对系统的相关参数进行初始化，比如，修理厂能同时修理的飞机架数、大修时长等。在理解飞机机群寿命补充与消耗概念模型后，利用 Simio 软件中的概念，建立一个简易的仿真系统，如图 6-7 所示。

A 节点表示 A 单位，Overhaul Plant 服务台表示大修厂，GoBack 销毁器表示飞机大修完成回到原单位。A 节点后面的绿色线是排队的队列，设置一个存储元素用来存储该队列，准备送厂大修的飞机在这里等待；Overhaul Plant 服务台上面的绿色线是排

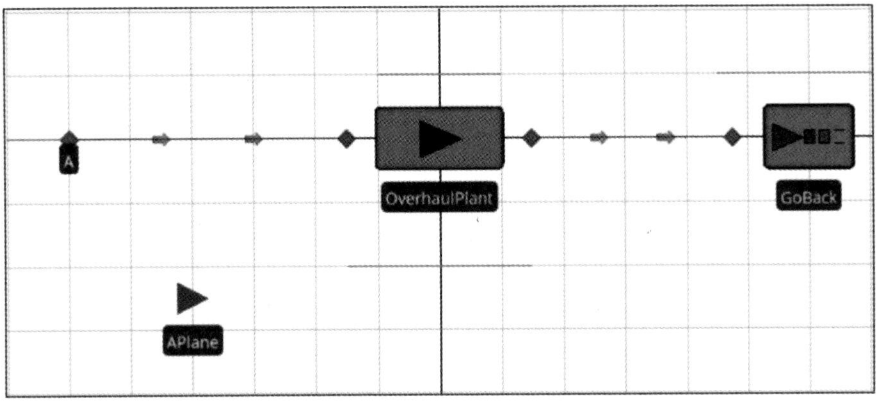

图 6-7　一个基层单位大修厂的仿真视图（彩图见后附插页）

列的正在接受大修的飞机，数量由服务台的初始容量决定；Overhaul Plant 服务台下面的绿色线为进入服务台的缓冲区，等待大修的飞机在这里排队。

在机群寿命消耗的仿真过程中，会产生送修飞机数量和送修时间的信息，把它们放在 Excel 表格中，为了仿真飞机送修的过程，要实现源中产生的实体可以按照 Excel 表格中的数据在特定的时间产生特定的实体进入队列，但是在 Simio 软件的标准类型库中的源无法实现这一过程，所以自定义一个产生实体的过程来实现，然后将这一过程产生的实体转移到一个节点上，此时这个节点实际上就是基层单位。

要实现从 Excel 文件中一行一行地读取数据，需要设置一个循环读取数据的过程，整个过程如图 6-8 所示。

Excel Read 从 Excel 文件中读取大修飞机数量 Number 和间隔时间 Duration，在 Definitions 视图中定义一个 Excel Connect 元素连接到对应的 Excel 表格，如图 6-9 所示。链接名为 Arrival 的表格，Arrival 的表结构如表 6-1 所示，间隔一般为一个月，送修飞机架数即代表每个月送修飞机的架数。

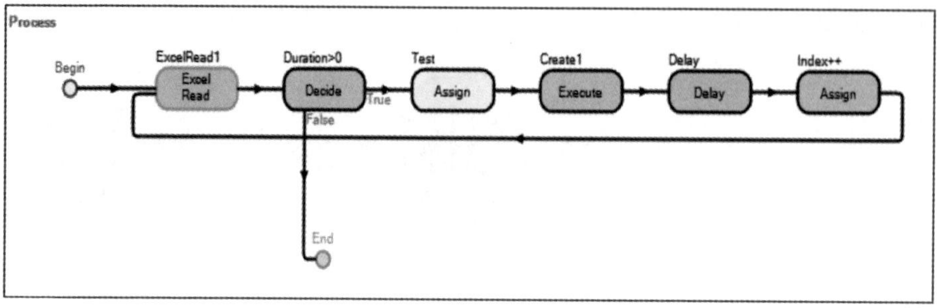

图 6-8　读取数据过程

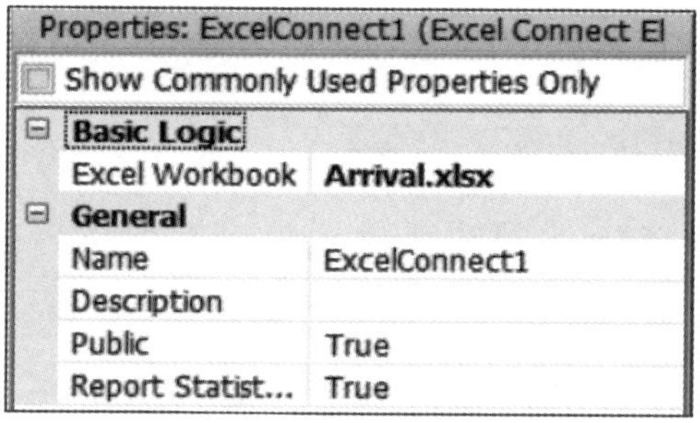

图 6-9　Excel Connect 参数设置

表 6-1　飞机送修日程表

间隔时间/个月	送修飞机架数
1	0
1	0
1	0
1	0
1	0
1	1

表6-1（续）

间隔时间/个月	送修飞机架数
1	0
1	0
1	0
1	0
1	1
1	0
…	…

Decide进行一个判断，间隔时间如果大于零，那么就继续往下运行，如果小于零，那么就跳出该循环过程，所以如果想结束读入数据，只需在最后一行间隔时间处设置一个负数。

Assign主要是为了设置几个变量来看读入的数据是否正确，可以在Run视图中的模型追踪查看运行过程中这几个变量的值的变化，从而判断运行是否出现问题。

Execute实现跳转到按照数据产生实体的过程。Delay延迟一个间隔时间再继续进行。Assign完成变量累加，读取下一行数据。

为完成这一循环过程，需要设置两个令牌：Create Token和Arrive Token。Create Token用来向产生实体的过程传送产生实体的类型、数量和间隔时间，Arrive Token用来存储本过程从Excel表格中读取的送修飞机架数、间隔时间和所读的行数，如图6-10所示。

要实现按照Excel表格中在特定的时间产生特定的实体数，需要一个产生实体的过程，如图6-11所示。

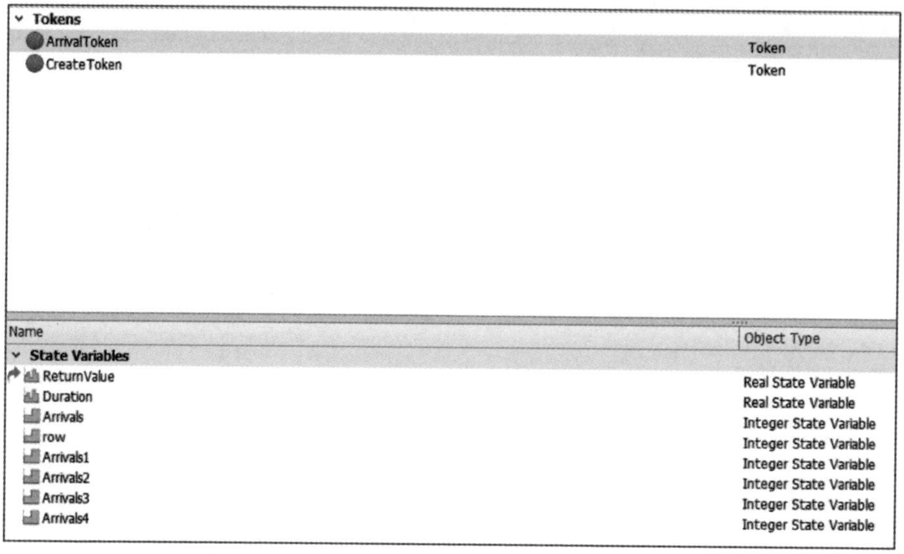

图 6-10　Arrival Token 中 Integer 设置

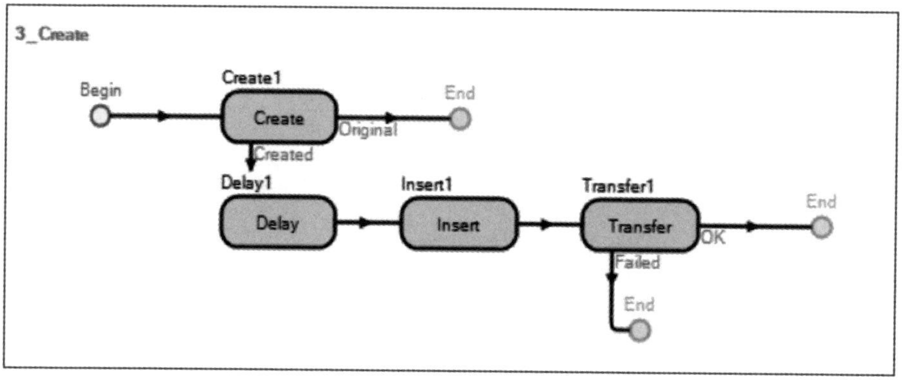

图 6-11　产生实体过程

Create 产生和 Create Token 中一样的实体数。Delay 延迟的时间是在 0 到读入的间隔时间 Duration 之间均匀分布的一个随机数。Insert 实现将实体插入到指定的队列中。Transfer 实现将实体转移到对应的节点上。

有多个基层单位的时候，就面临哪个单位待大修飞机先送修的问题。要解决这个问题，需要在函数中做出规定，可以是随机进行，也可以是先到队列里的先大修，还可以是排队队列长的先大修。

系统中 Model Entity 的实体移动逻辑如图 6-12 所示。

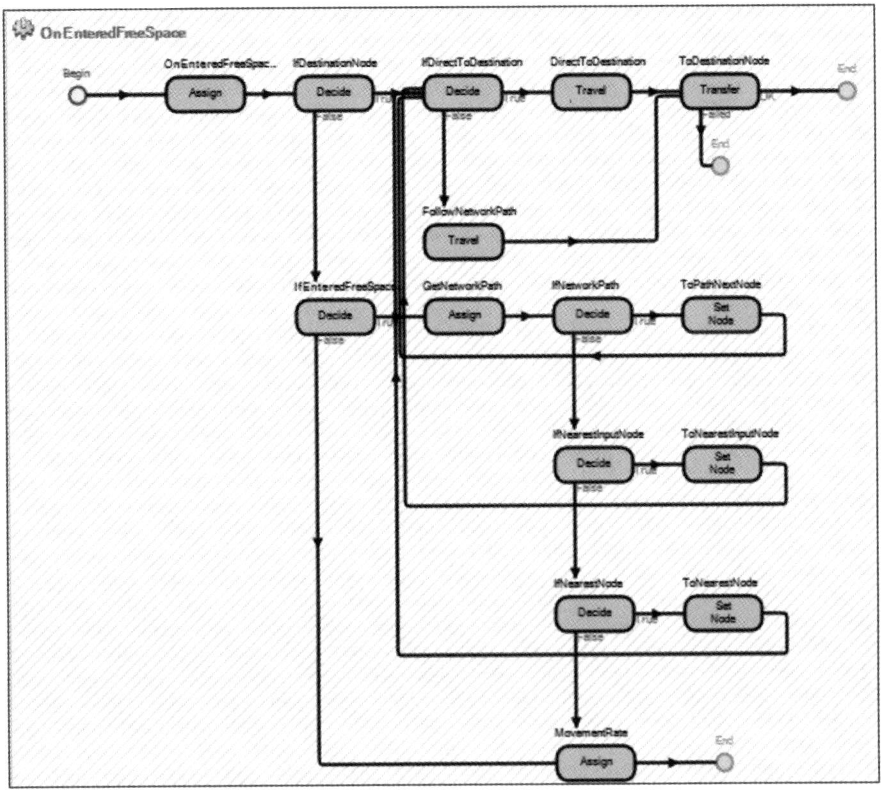

图 6-12　实体移动逻辑图

6.4　仿真模型运行与结果分析

本节通过建立仿真模型，运用 Simio 仿真系统，以几种典型的情况作为研究对象，通过改变基层单位数量、机群梯次状态、大修能力等系统关键属性，分别观察结果的变化，分析机群寿命变化规律，并基于大修能力为机群飞行任务量决策提供一种思路。

6.4.1 仿真模型建立

基于飞机机群寿命管理概念模型，建立 5 个基层单位和 2 个大修厂的仿真模型。假设每个基层单位有飞机 12 架，飞机总规定寿命 3000h，阶段规定寿命 1000h。

第 1 个基层单位，年度飞行任务 1000h，12 架飞机在队。将年度飞行任务分解到每架飞机，结果如表 6-2 所示。

表 6-2 飞机年度计划使用表

h

序号	飞机号	余寿	公式计算得到的使用时间	计划使用时间
1	05	86	81	81
2	08	145	86	81
3	03	216	89	83
4	07	231	36	31
5	04	247	-18	0
6	02	297	-37	0
7	11	529	128	121
8	06	566	96	90
9	12	691	153	147
10	01	734	128	122
11	09	804	129	123
12	10	871	129	121

根据该基层单位情况，考虑季节、节假日、人员得到的综合因素对月飞行强度的影响矩阵 $\boldsymbol{E}$，如表 6-3 所示。

表 6-3　飞行强度影响因素系数

月份	季节	节假日	飞行员疗养
1	0.2	0.3	1
2	0.2	0.4	1
3	0.4	1	1
4	0.6	1	1
5	0.8	0.3	1
6	0.9	1	1
7	1	1	1
8	0.9	1	1
9	0.8	1	1
10	0.6	0.3	1
11	0.4	1	1
12	0.3	1	0

确定各因素的重要度系数向量 $\boldsymbol{C}$。

$$\boldsymbol{C} = [0.3,\ 0.5,\ 1]$$

计算并归一化处理后得到月飞行强度系数向量 $\boldsymbol{E}$。

$$\boldsymbol{E} = [0.4,\ 0.42,\ 0.54,\ 0.56,\ 0.46,\ 0.59,\ 0.6,\ 0.59,\ 0.58,\ 0.44,\ 0.54,\ 0.2]$$

将单机年度飞行任务分解到每个月，结果如表 6-4 所示，表中 05 号飞机计划 5 月送厂大修。

表 6-4　飞机月份计划使用表

h

序号	飞机号	使用时间	月份使用时间											
			1	2	3	4	5	6	7	8	9	10	11	12
1	05	81	16.9	17.7	22.8	23.6								
2	08	81	5.5	5.7	7.4	7.6	6.4	8	8.3	8	7.9	6	7.5	2.7
3	03	83	5.6	5.9	7.6	7.9	6.5	8.2	8.3	8.3	8.1	6.2	7.6	2.8
4	07	31	2.1	2.3	2.8	3	2.5	2.9	3.2	2.9	3	2.4	2.9	1
5	04	0	0	0	0	0	0	0	0	0	0	0	0	0
6	02	0	0	0	0	0	0	0	0	0	0	0	0	0
7	11	121	8.2	8.5	11.1	11.4	9.5	12.1	12.2	12.1	11.8	9.1	11.1	3.9
8	06	90	6.1	6.4	8.2	8.5	7	9	9.1	9	8.8	6.7	8.1	3.1
9	12	147	9.9	10.4	13.4	13.9	11.5	14.6	14.9	14.7	14.4	10.9	13.4	5
10	01	122	8.3	8.7	11.1	11.6	9.5	12.2	12.4	12.2	11.9	9	11	4.1
11	09	123	8.3	8.8	11.2	11.7	9.5	12.2	12.5	12.2	12	9.2	11.3	4.1
12	10	121	8.2	8.6	11	11.4	9.3	12.1	12.3	12.1	11.9	9	11	4.1

其他 4 个基层单位，按照每个基层单位的飞行任务时间、在队飞机架数、影响每月飞行强度的因素等进行不同设置，调整参数。

如图 6-13 所示，5 个节点分别表示 A 单位、B 单位、C 单位、D 单位和 E 单位，对应的飞机以不同颜色的实体来区分，一个大修厂可同时大修 2 架飞机、另一大修厂可同时大修 3 架飞机，按照“待修飞机数量多的单位优先大修”的原则排队；飞机大修时间为 8 个月；送修、接回交接的时间服从 $a=0.1$、$b=0.2$、$c=0.3$（单位：月）的三角分布。

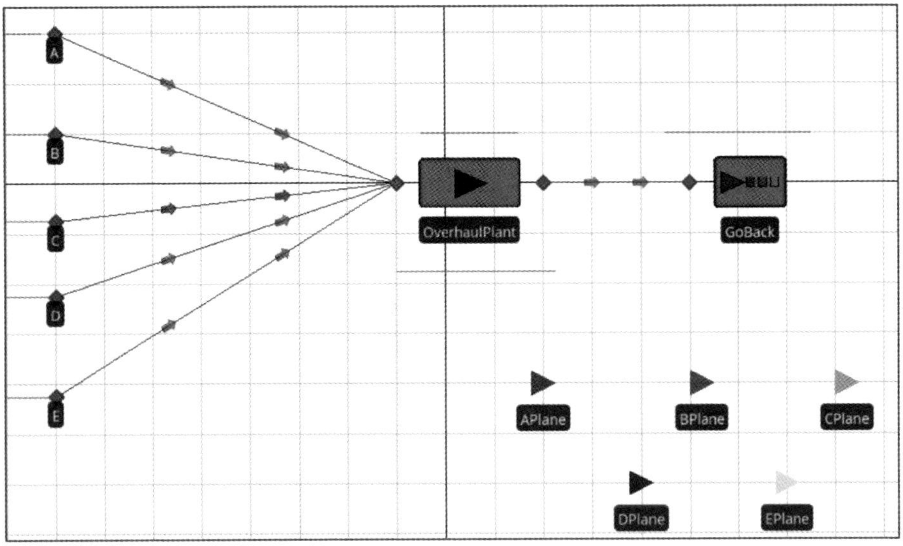

图 6-13　5 个基层单位 2 个大修厂情况下 Simio 软件仿真视图

根据以上信息，设置相关参数，如图 6-14、图 6-15 所示，Server 的初始容量设置为 5，接收实体的规则为：先从排队队列长的里面接收实体；服务时间为 8 个月，时间路径上的时间服从 $a=0.1$、$b=0.2$、$c=0.3$（单位：月）的三角分布。

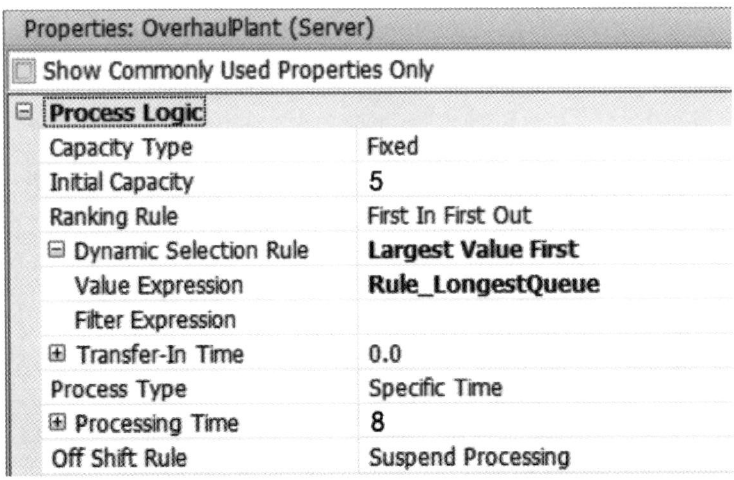

图 6-14　Server 参数设置

Properties: TimePath1 (TimePath)	
Show Commonly Used Properties Only	
Travel Logic	
Type	Unidirectional
Initial Traveler Capacity	Infinity
Entry Ranking Rule	First In First Out
Travel Time	**random.triangular(0.1,0.2,0.3)**

图 6-15　TimePath 参数设置

要设置排队队列长的先接受大修，就要在 Entity Table 中设置每种实体对应的存储元素和节点，然后在函数中书写表达式，把这个规则应用在大修厂的“Dynamic Selection Rule”属性中，如图 6-16、图 6-17 所示。

Arrival Table　Entity Table

	Entity	Storage	Node
1	APlane	Storage1	A
2	BPlane	Storage2	B
3	CPlane	Storage3	C
4	DPlane	Storage4	D
5	EPlane	Storage5	E

图 6-16　Entity Table 参数设置

Properties: Rule_LongestQueue (Function)	
Show Commonly Used Properties Only	
Value	
Expression	**Candidate.EntityTable.Storage.Queue.NumberWaiting**
Return Type	Any
Unit Type	Unspecified
General	
Name	**Rule_LongestQueue**
Description	
Public	True

图 6-17　排队规则函数设置

在读取数据过程中设置多个 Execute，如图 6-18 所示，反复调用实体产生过程。在 Arrive Token 中要设置多个 Integer 来存储本过程从 Excel 表格中读取的送修飞机架数、间隔时间，相应地设置多个节点和队列，以及用来存储该队列的存储元素。设置存储元素，一方面为了提供视觉效果，另一方面为了给排队规则中的函数提供队列长度值。

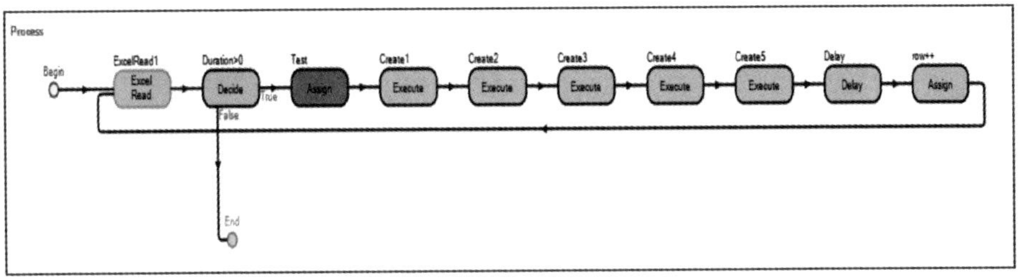

图 6-18　读取数据过程

Arrival 表格如表 6-5 所示，A 单位 4 月送修 1 架飞机，B 单位 6 月送修 1 架飞机，D 单位 10 月送修 1 架飞机，E 单位 1 月送修 1 架飞机。

表 6-5　飞机送修日程表

间隔时间/个月	送修飞机架数				
	A	B	C	D	E
1	0	0	0	0	1
1	0	0	0	0	0
1	0	0	0	0	0
1	1	0	0	0	0
1	0	0	0	0	0

表 6-5（续）

间隔时间/个月	送修飞机架数				
	A	B	C	D	E
1	0	1	0	0	0
1	0	0	0	0	0
1	0	0	0	0	0
1	0	0	0	0	0
1	0	0	0	1	0
1	0	0	0	0	0
1	0	0	0	0	0
…	…	…	…	…	…

为仿真系统添加一些 Symbol 和动画效果，使仿真模型看起来更直观。这样，就可以在三维视图下查看模型，效果如图 6-19~图 6-24 所示。

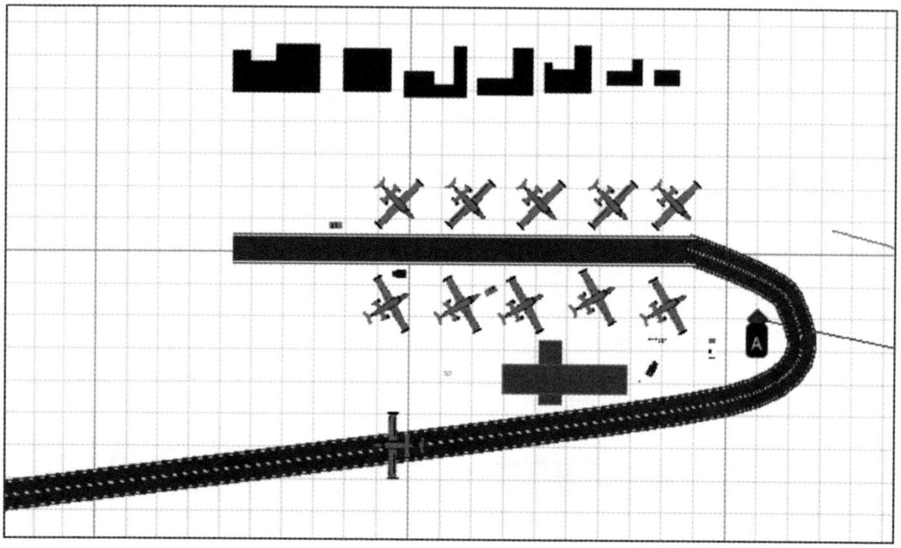

图 6-19　基层单位二维模型

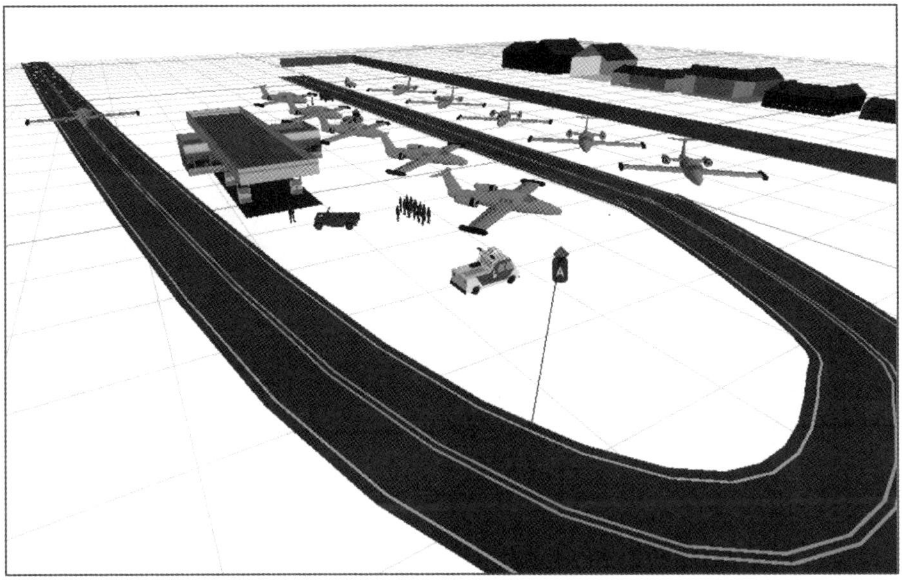

图 6-20　基层单位三维模型

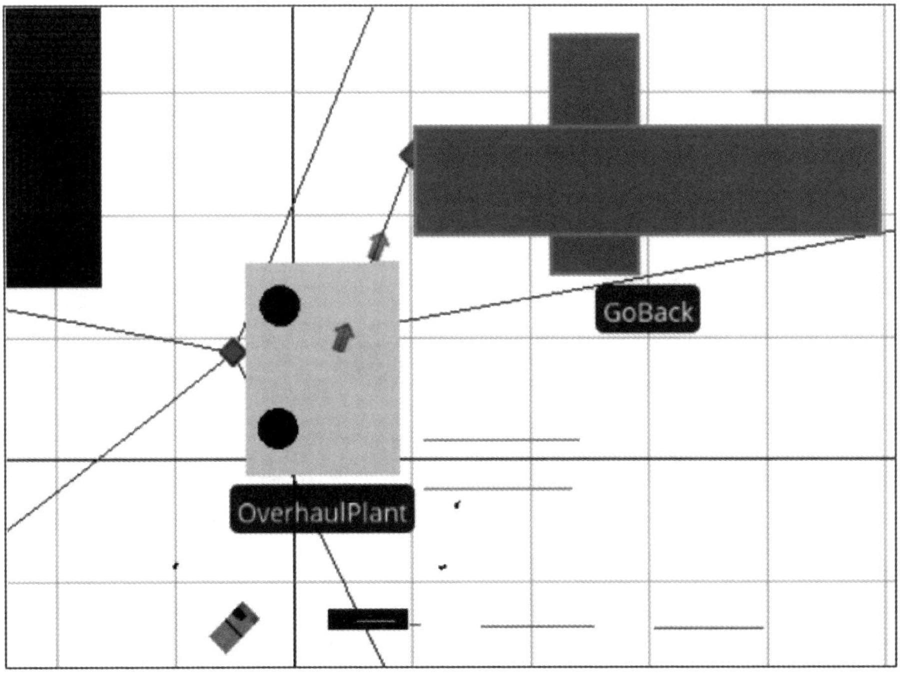

图 6-21　大修厂二维模型

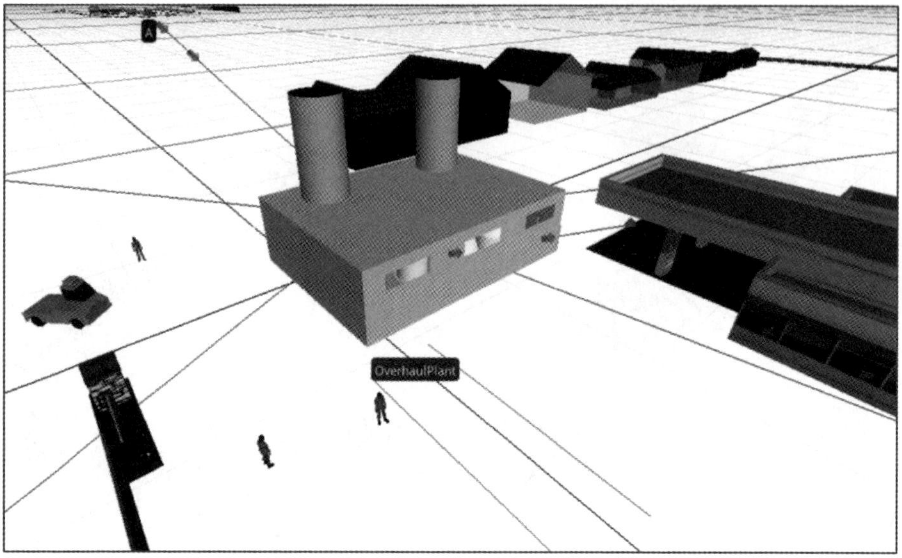

图 6-22 大修厂三维模型

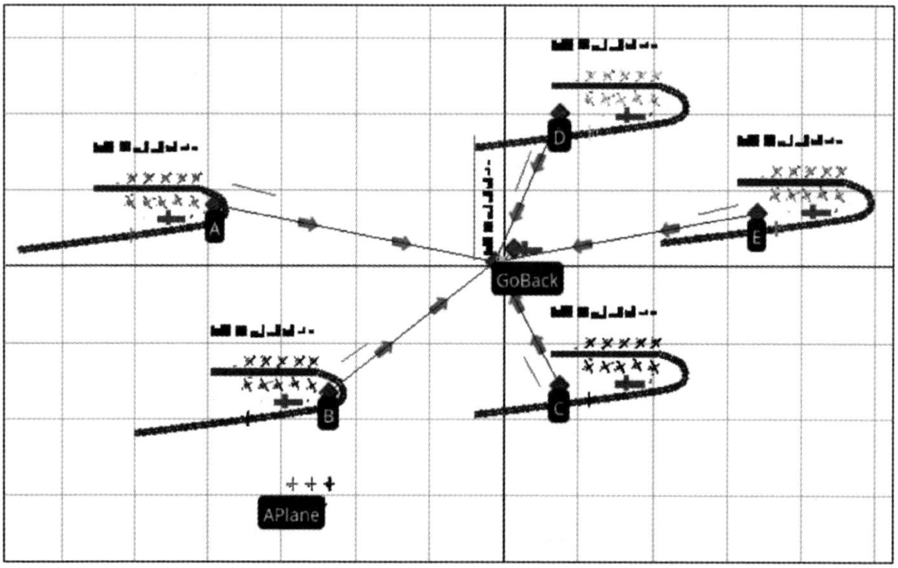

图 6-23 系统二维模型

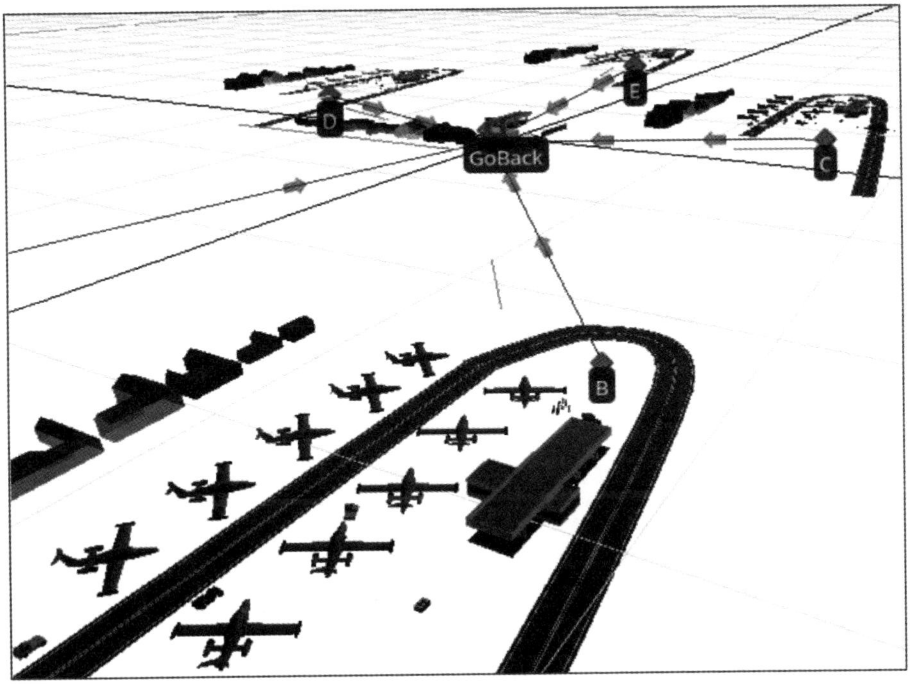

图 6-24　系统三维模型

6.4.2　一个基层单位一个修理厂的仿真分析

基于上面建立的仿真模型，本小节探究 1 个基层单位、1 个大修厂的情况下机群寿命的变化情况，主要分析各典型机群状态下，不同的飞机使用策略对机群寿命和飞机大修的影响。

假设 1 个基层单位有 12 架飞机，每架飞机平均规定寿命 1000h，年度飞行时间 1000h，飞机大修周期为 8 个月。

6.4.2.1　不考虑大修能力限制

假设大修厂大修能力充足，送修飞机可以立即接受大修。主要探究典型机群寿命情况下，平均使用和梯次使用两种飞机使用策略对机群寿命状况的影响。

（1）梯次状况较好情况下平均使用

该单位之前比较注重飞机的梯次使用，机群寿命梯次状况较好，呈现出一定的梯次排列，机群余寿比为 41.4%，机群寿命情况如表 6-6、图 6-25 所示。该单位第 1 年有 1 架飞机在厂。

表 6-6　飞机余寿表

h

序号	飞机号	余寿
1	05	92
2	08	136
3	03	212
4	07	266
5	04	318
6	02	388
7	10	468
8	06	536
9	12	614
10	01	710
11	09	811

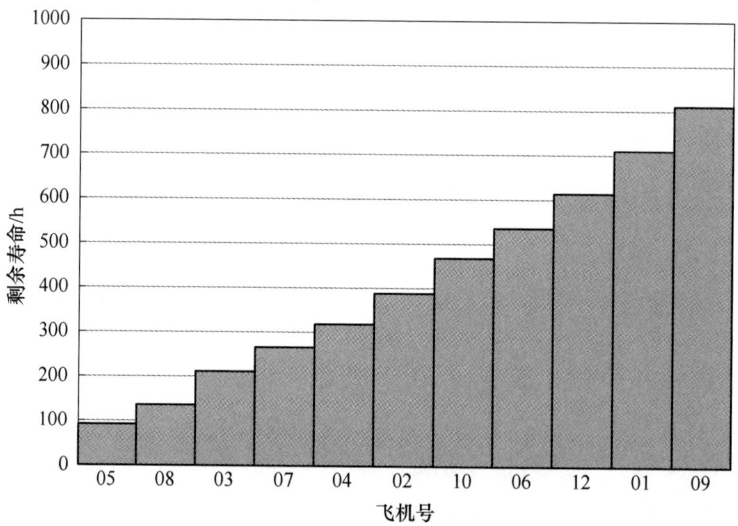

图 6-25　飞机梯次图

平均使用策略下，10 年后机群寿命梯次情况如图 6-26 所示，10 年中主要指标如表 6-7 所示，送修飞机架数和余寿比变化情况如图 6-27 所示。

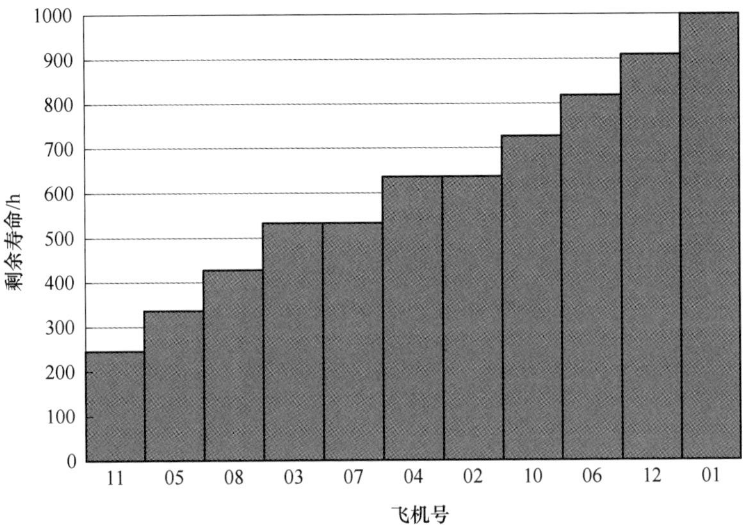

图 6-26　10 年后飞机梯次图

表 6-7　平均使用策略下主要指标

年头	在队飞机架数	在厂飞机架数	下一年送修飞机架数	余寿比	大修影响飞机完好率
第 1 年	11	1	1	41. 4%	8. 3%
第 2 年	11	1	2	41. 4%	8. 3%
第 3 年	11	1	2	41. 8%	8. 3%
第 4 年	10	2	2	46. 6%	16. 7%
第 5 年	10	2	1	56. 6%	16. 7%
第 6 年	11	1	1	60. 4%	8. 3%
第 7 年	11	1	1	60. 7%	8. 3%
第 8 年	11	1	1	61. 2%	8. 3%
第 9 年	11	1	1	61. 5%	8. 3%
第 10 年	11	1	1	61. 8%	8. 3%
平均值	10. 8	1. 2	1. 2	53. 4%	9. 4%

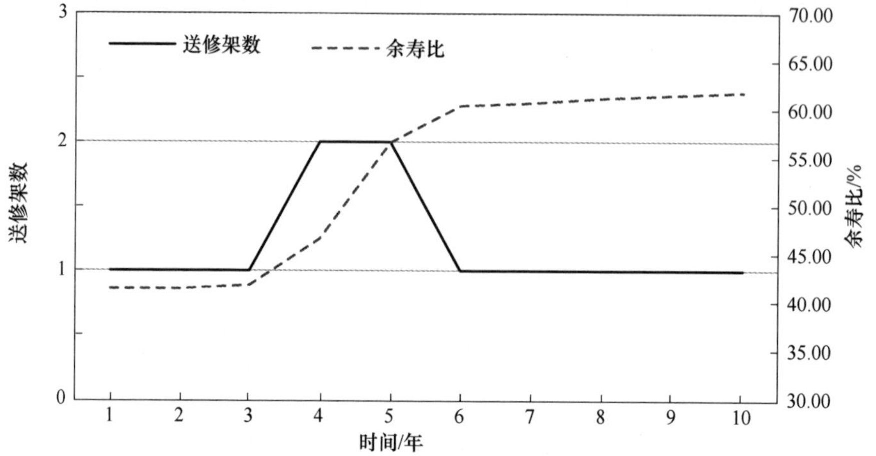

图 6-27　送修飞机架数和余寿比变化折线图

第一年因为机群寿命梯次状况良好，平均使用未对机群寿命梯次状况产生太大影响，但越来越多飞机接受大修，余寿拉到了一个水平线上，随着大修飞机返回单位，平均使用造成机群寿命梯次状况在高余寿飞机处产生了台阶，而且这样的台阶化愈演愈烈，在第 10 年的飞机梯次图中，可以看到机群寿命梯次状况较差，呈多个台阶状排列。

从平均指标上来看，由于假设大修厂能力充足，且大修周期取值相对较小，平均使用导致的机群寿命梯次状况较差并没有太大地影响到这些指标，基本上送修飞机补充的寿命刚好满足飞行任务时间的需求。

从送修架数和余寿比变化的折线图中可以看出，送修架数的波动较大。这是因为平均使用是一种无差别使用，导致小寿命飞机集中到寿，且由于大修能力没有限制，进厂大修后飞机可以及时出厂，送修架数多时，次年出厂架数也多，集中送修的小寿命飞机同时变成大寿命飞机，余寿比总体上升。按照余寿比已经不需要再送修飞机，但还存在一部分小寿命飞机无法完成飞行任务，只好继续送修，导致余寿比继续升高。如果继续进行仿真，送修飞机架数会减少，而机群余寿比会下降。如此循环往复，就会导致大修厂忙闲不均。

（2）梯次状况较好情况下梯次使用

在梯次使用策略下，10 年后机群寿命梯次情况如图 6-28 所示，10 年中主要指标如表 6-8 所示，送修飞机架数和余寿比变化情况如图 6-29 所示。

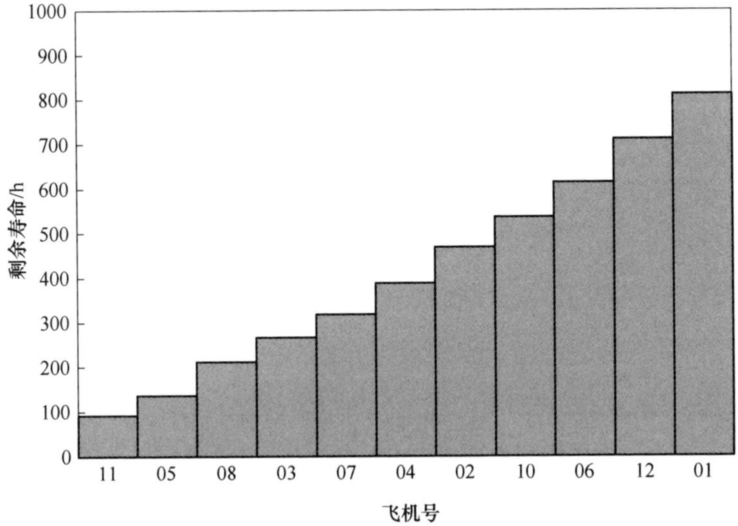

图 6-28　飞机梯次图

表 6-8　梯次使用下主要指标汇总表

年头	在队飞机架数	在厂飞机架数	下一年送修飞机架数	余寿比	大修影响飞机完好率
第 1 年	11	1	1	41.4%	8.3%
第 2 年	11	1	1	41.4%	8.3%
第 3 年	11	1	1	41.4%	8.3%
第 4 年	11	1	1	41.4%	8.3%

表 6-8（续）

年头	在队飞机架数	在厂飞机架数	下一年送修飞机架数	余寿比	大修影响飞机完好率
第 5 年	11	1	1	41.4%	8.3%
第 6 年	11	1	1	41.4%	8.3%
第 7 年	11	1	1	41.4%	8.3%
第 8 年	11	1	1	41.4%	8.3%
第 9 年	11	1	1	41.4%	8.3%
第 10 年	11	1	1	41.4%	8.3%
平均值	11	1	1	41.4%	8.3%

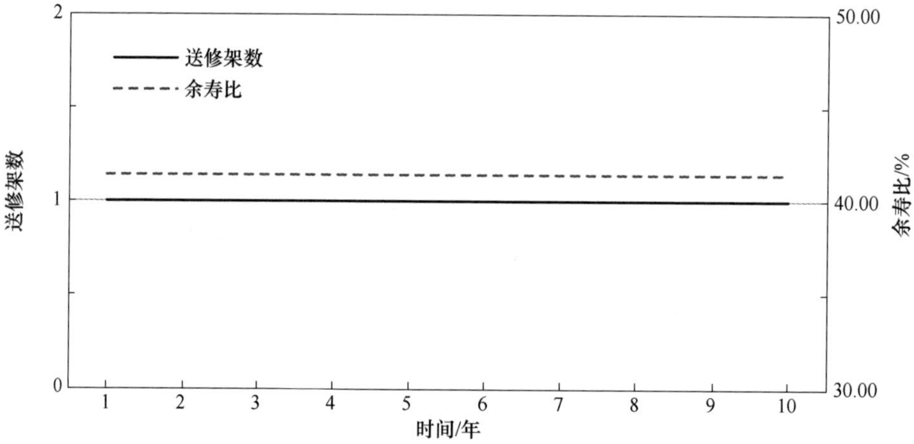

图 6-29　送修飞机架数和余寿比变化折线图

经过几年的梯次使用，机群寿命梯次状况已接近理想分布，从第 10 年的飞机梯次图中可以看出，机群寿命梯次状况非常好，已经基本是理想排列，但是每年刚大修回来的飞机都用得比较多，有的甚至超过了单机平均使用时间的 200%，在实际情况中要适量减少，通过多年的梯次调节，逐渐达到理想排列。

从平均指标上来看，送修飞机补充的寿命刚好满足飞行任务时间的需求。

从送修架数和余寿比变化的折线图中可以看出，形成理想的梯次排列之后，在大修厂能力充足的情况下，能够送修几架飞机，就有几架飞机完成大修回到原单位，送修架数和余寿比基本保持不变。

（3）梯次状况较差情况下平均使用

假定某单位之前疏于飞机梯次管理，梯次状况较差，呈现台阶状排列，机群余寿比为 42.8%，机群寿命情况如表6-9、图 6-30 所示。该单位第一年有 3 架飞机在厂。

表 6-9　飞机余寿表

h

序号	飞机号	余寿
1	05	61
2	07	120
3	03	191
4	04	222
5	02	272
6	10	404
7	06	441
8	12	666
9	01	709
10	08	779
11	09	846

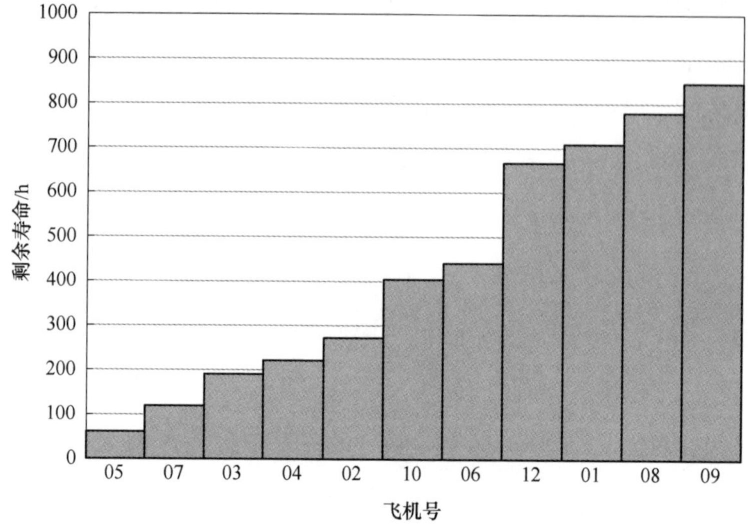

图 6-30　飞机梯次图

平均使用策略下，10 年后机群寿命梯次情况如图 6-31 所示，10 年中主要指标如表 6-10 所示，送修飞机架数和余寿比变化情况如图 6-32 所示。

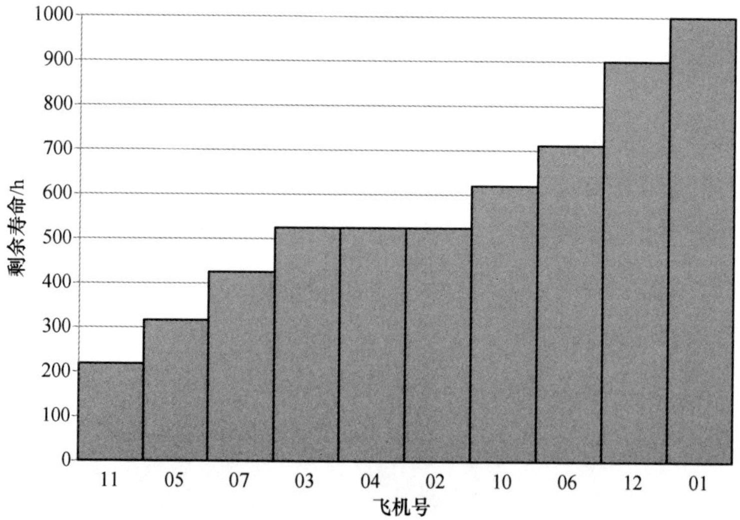

图 6-31　10 年后飞机梯次图

表 6-10　平均使用情况下主要指标汇总表

年头	在队飞机架数	在厂飞机架数	下一年送修飞机架数	余寿比	大修影响飞机完好率
第 1 年	11	1	1	42.8%	8.3%
第 2 年	11	1	1	43.1%	8.3%
第 3 年	11	1	3	43.2%	8.3%
第 4 年	9	3	1	52.8%	25%
第 5 年	11	1	1	62.2%	8.3%
第 6 年	11	1	0	62.2%	8.3%
第 7 年	12	0	1	57.1%	0%
第 8 年	11	1	1	52.3%	8.3%
第 9 年	11	1	2	52.2%	8.3%
第 10 年	10	2	0	57.7%	16.7%
平均值	10.8	1.2	1.1	52.6%	10%

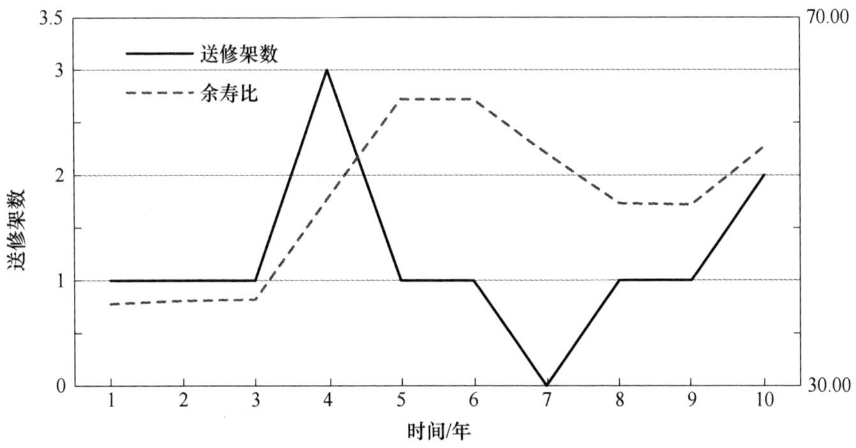

图 6-32　送修飞机架数和余寿比变化折线图

飞机梯次状况本来就呈现出台阶状，平均使用更加剧了这种情况。随着越来越多飞机送厂大修，余寿拉到了一个水平线上，大修飞机返回单位，平均使用造成机群寿命梯次状况恶化。

从平均指标上来看，由于假设大修厂能力充足，平均使用导致的机群寿命梯次状况较差并没有太大地影响到这些指标，基本上送修飞机补充的寿命可以满足飞行任务时间的需求。

从送修架数和余寿比变化的折线图中可以看出，送修架数的波动较大，余寿比总体上升，这是因为平均使用是一种无差别的使用，本来就没有良好的梯次，又平均使用，导致小寿命飞机集中送修，按照余寿比已经不需要再送修飞机，但还存在一部分小寿命飞机无法完成飞行任务，只好继续送修，导致余寿比总体升高。如果继续进行仿真，送修飞机架数会减少，机群余寿比会下降。如此循环往复，就会导致大修厂忙闲不均。

（4）梯次状况较差情况下梯次使用

假定情况与上例相同，但按照梯次使用策略。10 年后机群寿命梯次情况如图 6-33 所示，10 年中主要指标如表 6-11 所示，送修飞机架数和余寿比变化情况如图 6-34 所示。

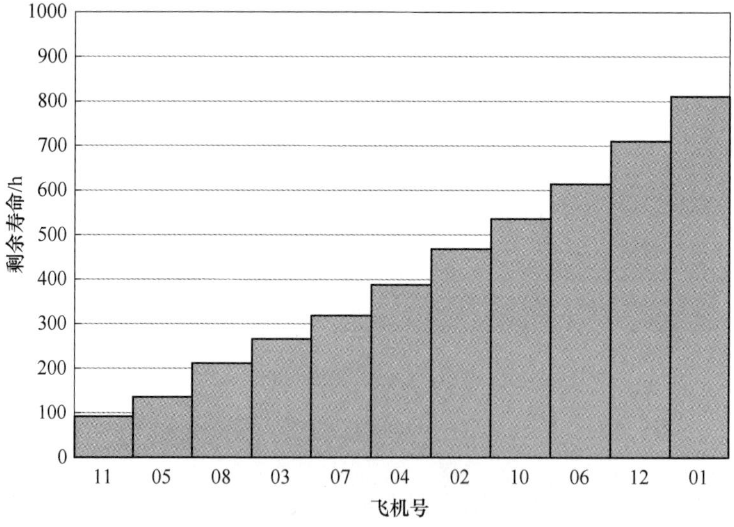

图 6-33　飞机梯次图

表 6-11　梯次使用情况下主要指标汇总表

年头	在队飞机架数	在厂飞机架数	下一年送修飞机架数	余寿比	大修影响飞机完好率
第 1 年	11	1	1	42.8%	8.3%
第 2 年	11	1	1	42.8%	8.3%
第 3 年	11	1	1	42.8%	8.3%
第 4 年	11	1	1	42.8%	8.3%
第 5 年	11	1	1	42.8%	8.3%
第 6 年	11	1	1	42.8%	8.3%
第 7 年	11	1	1	42.8%	8.3%
第 8 年	11	1	1	42.8%	8.3%
第 9 年	11	1	1	42.8%	8.3%
第 10 年	11	1	1	42.8%	8.3%
平均值	11	1	1	42.8%	8.3%

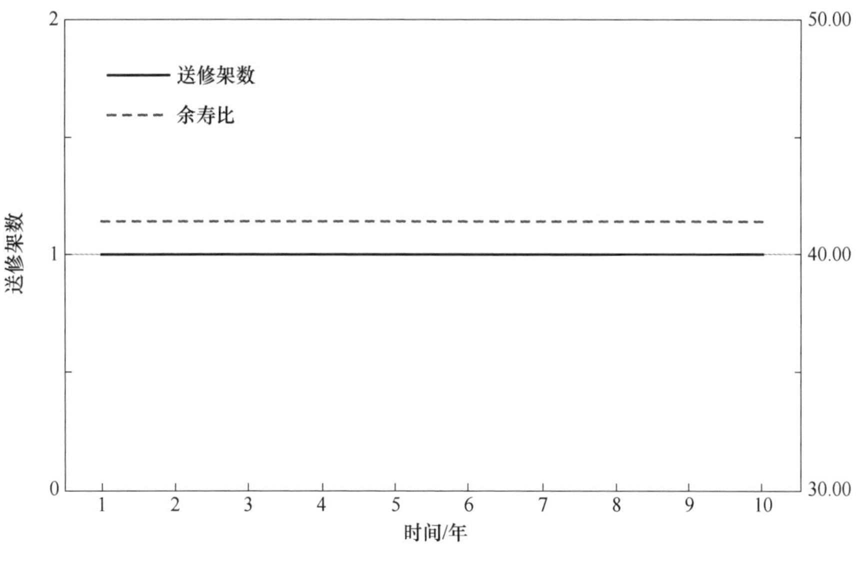

图 6-34　送修飞机架数和余寿比变化折线图

经过几年的梯次使用，机群寿命梯次状况已接近理想分布。从第 10 年的飞机梯次图中可以看出，机群寿命梯次状况已基本达到理想排列，每年刚大修回来的飞机还是用得比较多，比在机群梯次较为合理的情况下还多，主要是因为弥补了之前处于平台排列的飞机的寿命。通过观察每年的使用时间发现，在达到理想分布之后，除了刚大修回来的飞机，其他飞机的年度使用时间是均匀的，在实际情况中要适量减少对于刚大修回来的飞机的使用，通过多年的梯次调节，逐渐达到理想排列。

从平均指标上来看，送修飞机补充的寿命刚好满足飞行任务时间的需求。

从送修架数和余寿比变化的折线图中可以看出，形成理想的梯次排列之后，在大修厂能力充足的条件下，就能够做到送修几架飞机，就有几架飞机完成大修归建，送修架数和余寿比几乎保持不变。

（5）接装不久时平均使用

该单位之前接装了一批新飞机，余寿普遍较高，机群余寿比较高，为 67.8%，梯次较差，几乎接近水平排列，机群寿命情况如表 6-12、图 6-35 所示。该单位第一年没有飞机在厂。

表 6-12　飞机余寿表

h

序号	飞机号	余寿
1	05	401
2	08	484
3	03	531
4	07	621
5	04	646

表 6-12（续）

序号	飞机号	余寿
6	02	663
7	11	694
8	06	738
9	12	759
10	01	821
11	09	871
12	10	901

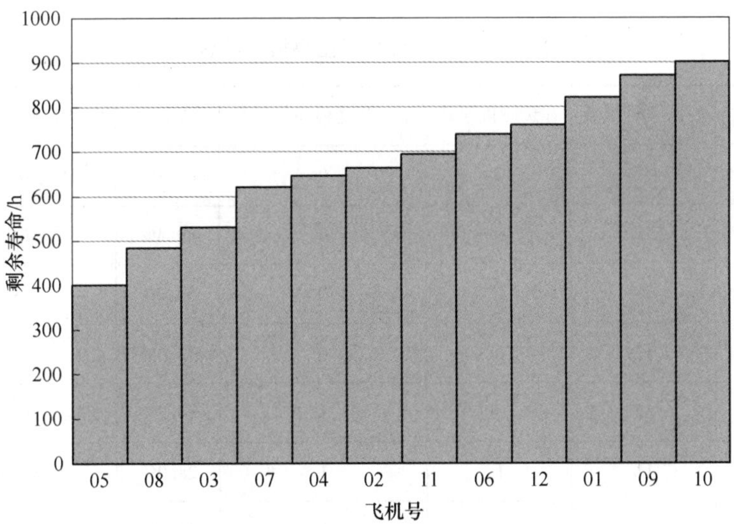

图 6-35　飞机梯次图

平均使用策略下，10 年后机群寿命梯次情况如图 6-36 所示，10 年中主要指标如表 6-13 所示，送修飞机架数和余寿比变化情况如图 6-37 所示。

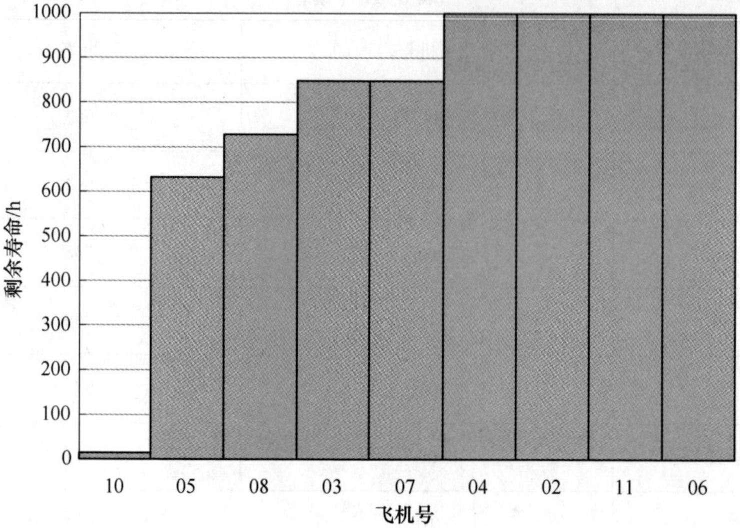

图 6-36　10 年后飞机梯次图

表 6-13　平均使用下主要指标汇总表

年头	在队飞机架数	在厂飞机架数	下一年送修飞机架数	余寿比	大修影响飞机完好率
第 1 年	12	0	0	67.8%	0%
第 2 年	12	0	0	59.4%	0%
第 3 年	12	0	0	51.0%	0%
第 4 年	12	0	0	42.6%	0%
第 5 年	12	0	1	34.2%	0%
第 6 年	11	1	1	28.0%	8.3%
第 7 年	11	1	2	27.9%	8.3%
第 8 年	10	2	4	30.8%	16.7%
第 9 年	8	4	3	50.9%	33.3%
第 10 年	9	3	1	78.5%	25.0%
平均值	10.9	1.1	1.2	47.1%	9.2%

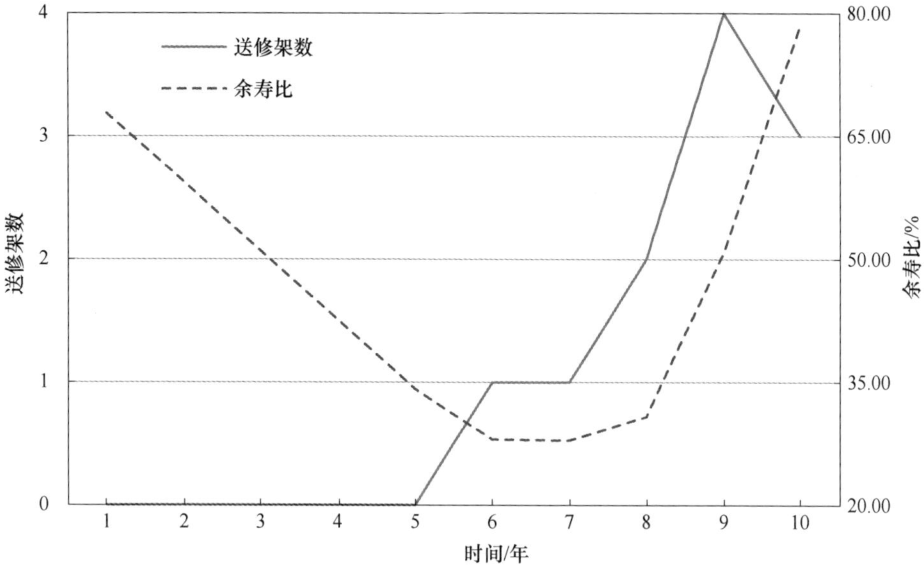

图6-37 送修飞机架数和余寿比变化折线图

机群初始余寿比很高，多架飞机之间余寿差值较小，机群寿命梯次状况接近水平排列，前面几年没有飞机送修，平均使用导致机群寿命整体下降，当余寿比降低到一定程度后，随着飞机送厂大修，余寿拉到了一个水平线上，机群寿命梯次状况陆续出现了台阶，在第10年的飞机梯次图中，可以看到机群寿命梯次状况较差，呈多个台阶状排列，在厂大修飞机和小寿命飞机数量多。

从平均指标上来看，因为机群初始的余寿比很高，所以送修飞机数应该较少，但由于机群寿命梯次状况差，小寿命飞机不能满足任务需要，也要送厂大修，导致最后结果的差别不是很明显。

从送修架数和余寿比变化的折线图中可以看出，开始的几年，因为初始的余寿比很高，所以没有飞机需要送修，余寿比随着飞机使用不断降低，机群寿命梯次整体下降，当机群余寿比下降到40%以下后，开始要将飞机送厂大修，因为原本的机群寿命梯次状况很差，几乎接近水平排列，所以要集中送修多架飞机，这时机群余寿比有所回升。如果继续进行仿真，送修飞机架数会减少，而机群余寿比会下降。如此循环往复，就会导致大修厂忙闲不均。

（6）接装不久时梯次使用

假定条件与上例相同，只是按照梯次使用策略进行飞机使用。10 年后机群寿命梯次情况如图 6-38 所示，10 年中主要指标如表 6-14 所示，送修飞机架数和余寿比变化情况如图 6-39 所示。

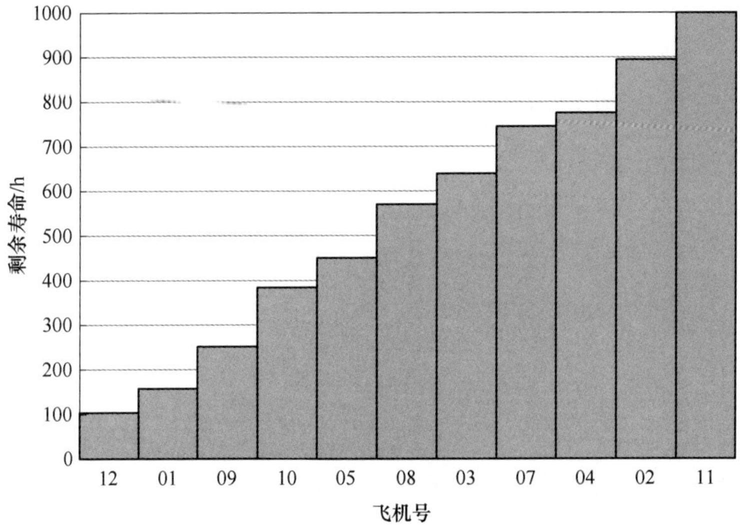

图 6-38　飞机梯次图

表 6-14　梯次使用情况下主要指标汇总表

年头	在队飞机架数	在厂飞机架数	下一年送修飞机架数	余寿比	大修影响飞机完好率
第 1 年	12	0	0	67.8%	0.0%
第 2 年	12	0	0	59.4%	0.0%
第 3 年	12	0	0	51.1%	0.0%
第 4 年	12	0	1	42.7%	0.0%

表 6-14（续）

年头	在队飞机架数	在厂飞机架数	下一年送修飞机架数	余寿比	大修影响飞机完好率
第 5 年	11	1	2	37.5%	8.3%
第 6 年	10	2	2	41.2%	16.7%
第 7 年	10	2	1	51.2%	16.7%
第 8 年	11	1	1	55.7%	8.3%
第 9 年	11	1	1	55.7%	8.3%
第 10 年	11	1	1	55.7%	8.3%
平均值	11.2	0.8	0.9	51.8%	6.7%

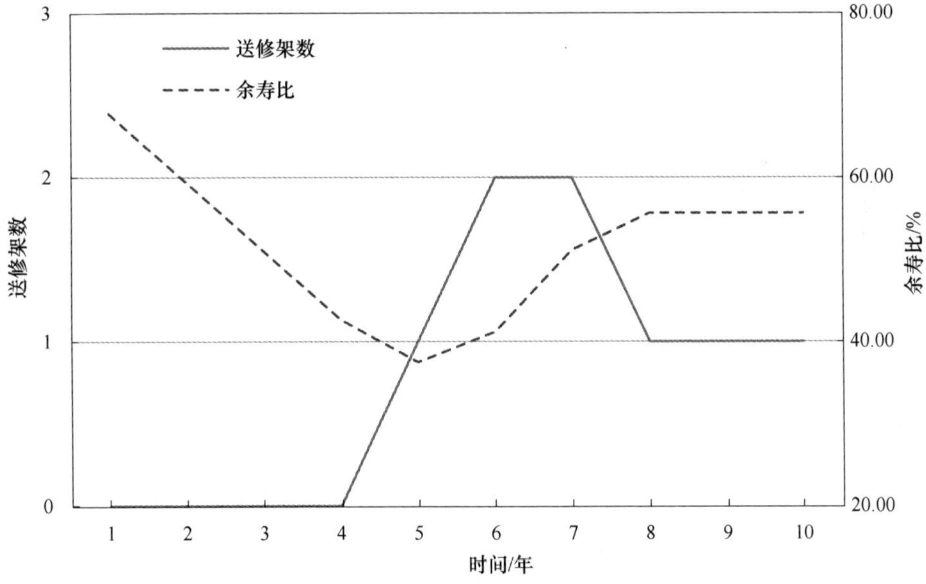

图 6-39 送修飞机架数和余寿比变化折线图

从第 10 年的飞机梯次图中可以看出，机群寿命梯次状况非常好，已经基本上是理想排列。由于机群余寿比很高，前 4 年不需要送修飞机，开始的这几年为了形成良好梯次，余寿相对较少的飞机使用时间多，有的甚至超过单机平均使用时间的200%。当机群余寿比下降后，机群寿命梯次状况也明显好转，开始送修飞机后，每年刚大修回来的飞机还是用得比较多，通过观察每年的使用时间发现，在达到理想分布之后，除了刚大修回来的飞机，其他飞机的年度使用时间是均匀的，在实际情况中要适量减少对于飞机的使用超过单机平均使用时间200%的情况，要通过多年的梯次调节，逐渐达到理想排列。

从平均指标上来看，由于机群初始余寿比很高，所以送修飞机补充的寿命小于飞行任务时间，送厂大修的飞机较少。

从送修架数和余寿比变化的折线图中可以看出，前4年没有送修飞机，机群余寿比一直在降低，后来开始送修飞机，送修飞机数和机群余寿比都逐渐趋于稳定，这也是梯次使用的优点之一。

（7）典型情况下不同飞机使用策略的比较

在假设大修厂大修能力充足的情况下，典型机群寿命飞机使用策略对机群寿命状况的影响比较见表6-15。

表6-15　典型机群寿命飞机使用策略影响比较

典型机群寿命情况	飞机使用策略	特点
梯次状况较好	平均使用	送修架数和余寿比均波动较大，会导致大修厂忙闲不均
	梯次使用	送修架数和余寿比均保持不变
梯次状况较差	平均使用	送修架数和余寿比均波动较大，不断循环会导致大修厂忙闲不均
	梯次使用	经过几年的梯次使用，机群寿命梯次状况已接近理想分布，送修架数和余寿比均保持不变

表 6-15（续）

典型机群寿命情况	飞机使用策略	特点
接装不久	平均使用	前期没有飞机送修，机群余寿比一直在降低。后期集中送修，导致大修厂忙闲不均
	梯次使用	前期没有飞机送修，机群余寿比一直在降低。后期开始送修飞机，送修飞机数和机群余寿比都逐渐趋于稳定

6.4.2.2　考虑大修能力限制

现实情况中，因大修厂大修能力受限，送修飞机可能因为等待大修而积压。为此，探究大修能力受限的情况下，机群寿命状况的变化。

单位机群寿命状况如表 6-6 所示。假定大修厂只能够同时修理 1 架飞机，飞机如按照梯次使用方法使用，在厂飞机架数如表 6-8 所示，大修能力与大修需求相匹配，可以满足需要。但飞机按照平均使用方法使用时，机群寿命状况 10 年内的变化情况如表 6-16 所示。

表 6-16　主要指标汇总表

年头	在队飞机架数	在厂飞机架数	下一年接回飞机架数	下一年送修飞机架数	余寿比	大修影响飞机完好率
第 1 年	11	1	1	1	41.4%	8.3%
第 2 年	11	1	1	1	41.4%	8.3%
第 3 年	11	1	1	2	41.3%	8.3%
第 4 年	10	2	2	3	45.4%	16.7%

表 6-16（续）

年头	在队飞机架数	在厂飞机架数	下一年接回飞机架数	下一年送修飞机架数	余寿比	大修影响飞机完好率
第 5 年	9	3	1	3	50.4%	25.0%
第 6 年	9	3	2	4	41.2%	25.0%
第 7 年	8	4	1	4	41.2%	33.3%
第 8 年	8	4	2	3	41.3%	33.3%
第 9 年	9	3	1	3	41.2%	25.0%
第 10 年	9	3	2	3	41.2%	25.0%
平均值	9.5	2.5	1.4	2.7	42.6%	20.8%

如表 6-16 所示，当飞机平均使用时，由于大修厂大修能力不足，会导致在队飞机架数减少，完好率降低，机群余寿比降低，如果继续进行仿真运行，情况将进一步恶化，大修飞机将出现积压。

当飞机平均使用时，或者当单位承担的飞行任务较多时，会造成飞机集中送修，通过适当调节送修时间，可以暂时缓解大修飞机的积压，但不能从根本上解决问题，机群寿命状况还是会不断恶化，此时应该考虑降低余寿战备存储量标准，减少送修飞机数量，缓解大修飞机积压多、在队可用飞机少的问题。

大修能力受限对其他典型情况的影响与此情况相似，当大修厂大修能力不能满足单位需要，或者单位送修安排不合理，又或者飞机梯次情况差导致集中到寿时，都会造成大修飞机积压过多、在队可用飞机少的情况发生，在此不再对其他典型情况进行详细的仿真分析。

6.4.3　多个基层单位一个大修厂的仿真分析

本小节探究多个基层单位、1 个大修厂的情况下机群寿命的变化情况，主要分析各个基层单位的飞机梯次使用情况下，大修厂大修能力对机群寿命、飞机完好率的影响。

6.4.3.1　大修厂大修能力与机群寿命状况

通过仿真模型的运行，可以研究大修厂大修能力对机群寿命状况的影响，也可以根据机群寿命变化情况反推对大修厂大修能力的要求。

假设 5 个基层单位 A、B、C、D、E 和 1 个大修厂 Overhaul Plant，每个单位机群寿命情况如 6.4.2.1 中典型情况一。初始化相关参数如图 6-40 所示，大修周期为 8 个月，服务规则为“等待大修飞机队列最长的基层单位的飞机优先大修”，大修厂可同时大修 5 架飞机。

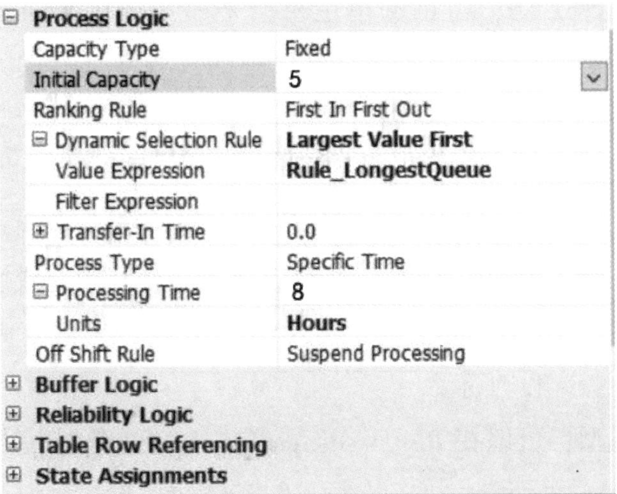

图 6-40　Server 参数设置

从 Simio 软件的 Result 视图中查看结果，10 年时间里 5 个基层单位共送修飞机 50 架，修理厂完成大修 50 架，修理厂服务台利用率 66.7%。从结果来看大修厂大修能力充足并还有余量，各基层单位机群余寿比保持在 41.4%不变。

将大修厂大修能力调整为能够同时为 3 架飞机提供大修。从 Result 视图中查看结果，10 年时间里 5 个单位共送修飞机 50 架，大修厂完成 A 单位飞机大修 8 架、B 单位飞机大修 9 架、C 单位飞机大修 7 架、D 单位飞机大修 10 架、E 单位飞机大修 8 架，从结果来看，大修厂大修能力出现了不足，各单位平均机群余寿比下降到 38.8%。

将大修厂大修能力调整为能够同时为 4 架飞机提供大修。从 Result 视图中查看结果，10 年时间里 5 个单位共送修飞机 50 架，大修厂完成 A 单位飞机大修 10 架、B 单位飞机大修 10 架、C 单位飞机大修 10 架、D 单位飞机大修 9 架、E 单位飞机大修 10 架，从结果来看，大修厂大修能力基本满足要求，各单位机群余寿比保持在 40%左右。

通过这个方法，再根据单位机群寿命情况反推对大修厂大修能力的要求，还可以采用 Simio 软件中的实验器来帮助完成反推的过程。

在大修厂服务台的初始容量自定义变量窗口定义一个名为 Repair Capacity 的变量，这个变量反映大修厂的大修能力，然后为模型创建一个实验器，设置 2 个响应变量，分别是完成服务的实体数和服务台利用率，每个实验方案运行 10 次，置信度为 95%，如图 6-41、图 6-42 所示。

运行模型，可以在 Response Result 栏中查看响应变量的仿真结果（如图 6-43 所示），当完成服务的实体数接近接受服务的实体数并且服务台利用率接近 100%时，大修厂大修能力恰好满足需要。

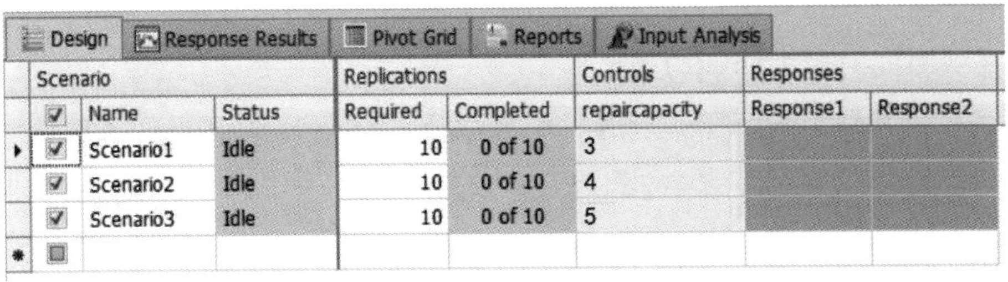

Design	Response Results	Pivot Grid	Reports	Input Analysis			
Scenario			Replications		Controls	Responses	
☑	Name	Status	Required	Completed	repaircapacity	Response1	Response2
☑	Scenario1	Idle	10	0 of 10	3		
☑	Scenario2	Idle	10	0 of 10	4		
☑	Scenario3	Idle	10	0 of 10	5		

图 6-41　实验器视图 1

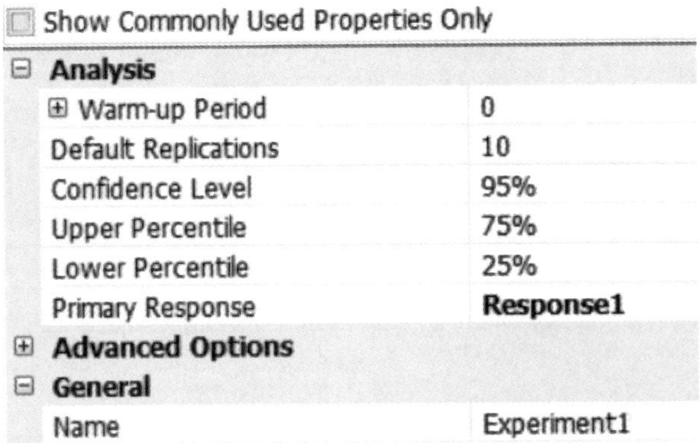

Show Commonly Used Properties Only

Analysis	
Warm-up Period	0
Default Replications	10
Confidence Level	95%
Upper Percentile	75%
Lower Percentile	25%
Primary Response	**Response1**
Advanced Options	
General	
Name	Experiment1

图 6-42　实验器参数设置

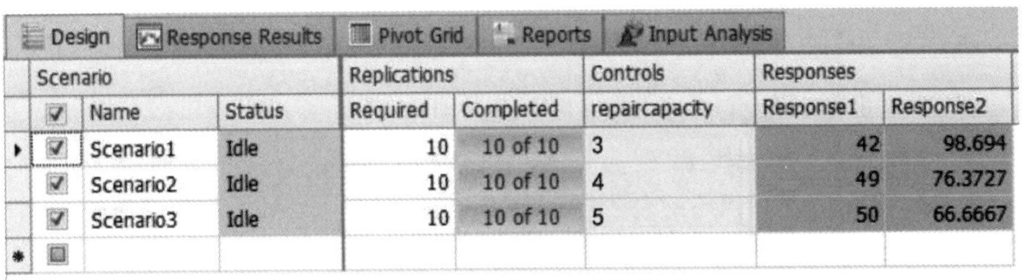

Design	Response Results	Pivot Grid	Reports	Input Analysis			
Scenario			Replications		Controls	Responses	
☑	Name	Status	Required	Completed	repaircapacity	Response1	Response2
☑	Scenario1	Idle	10	10 of 10	3	42	98.694
☑	Scenario2	Idle	10	10 of 10	4	49	76.3727
☑	Scenario3	Idle	10	10 of 10	5	50	66.6667

图 6-43　实验器视图 2

6.4.3.2　大修厂大修能力与飞行任务时间的分析

通过运行仿真模型，可以研究大修厂在一定的大修能力下所能支持的飞行任务时间，也可以反推某个机群要完成一定的飞行任务时间对于大修能力的要求。

要研究大修厂在一定的大修能力下所能支持的飞行任务时间，需要设置一个无限客户源，不断向服务台输送实体，让服务台利用率接近 100%，一段时间后，观察服务台的统计数据，就能得到该大修能力所能支持的飞行任务时间。将 5 个基层单位和大修厂的参数设置为如图 6-44、图 6-45 所示。

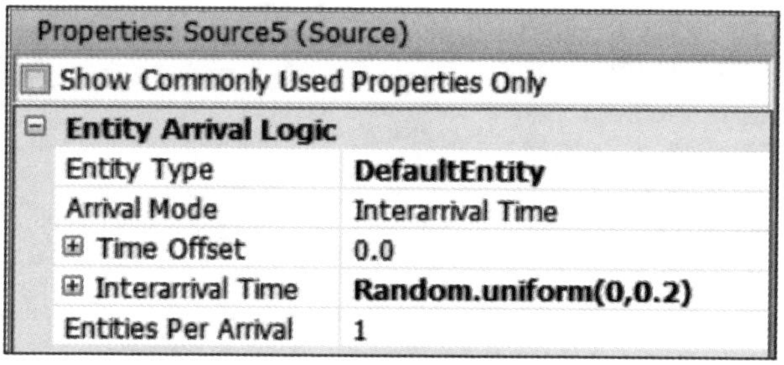

图 6-44　Source 参数设置

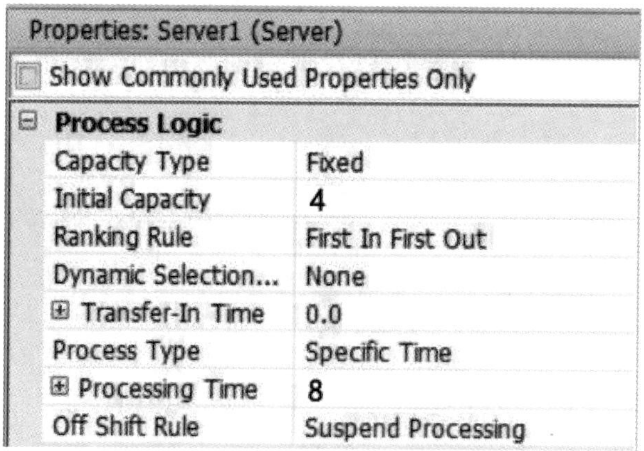

图 6-45　Server 参数设置

运行时间为 10 年，得到服务台的统计数据如图 6-46 所示。

Server	Server1	Processing	Content	NumberInStation	Average	3.9975
					Maximum	4.0000
			HoldingTime	TimeInStation	Average (H...	8.0000
					Maximum (...	8.0000
					Minimum (H...	8.0000
			Throughput	NumberEntered	Total	60.0000
				NumberExited	Total	56.0000
		OutputBuffer	Throughput	NumberEntered	Total	56.0000
				NumberExited	Total	56.0000
		InputBuffer	Content	NumberInStation	Average	1,001.8562
					Maximum	2,012.0000
			HoldingTime	TimeInStation	Average (H...	18.1448
					Maximum (...	36.3051
					Minimum (H...	0.0000
			Throughput	NumberEntered	Total	2,072.0000
				NumberExited	Total	60.0000
		[Resource]	Capacity	ScheduledUtilizati...	Percent	99.9385
				UnitsAllocated	Total	60.0000
				UnitsScheduled	Average	4.0000
					Maximum	4.0000
				UnitsUtilized	Average	3.9975
					Maximum	4.0000

图 6-46　Results 视图

从统计数据中可得，服务台利用率达到了 99.9%，大修厂满负荷运转，10 年完成了 5 个单位 56 架飞机的大修工作，平均每年为各基层单位补充 1120h 飞机寿命。为保证机群有一定的余寿战备存储量，每个基层单位的飞行任务时间以 1120h 为基准，根据余寿情况上下浮动。

研究某个机群要完成一定的飞行任务时间对大修能力的要求，与研究根据单位机群寿命情况对于大修厂大修能力的要求相似。飞行任务时间的改变，首先影响的是机群寿命情况，具体来说会影响每年的送修飞机架数，可以根据前文所述方法进行研究，不再赘述。

第 7 章　航空发动机备份量决策技术及应用

航空发动机是飞机的“心脏”，对飞行任务的完成以及飞行安全起着决定性的作用，保证航空发动机满足飞机使用需求是有效发挥飞机效能的一个基本前提。每当发动机达到阶段使用寿命限制或发动机产生较大故障时，需拆下发动机送厂大修或检修。此时，要安装备用发动机以保持飞机完好。本章围绕航空发动机使用流转过程进行建模，分析航空发动机备份量与缺发导致飞机不完好率的关系，并基于发动机对机群完好率提升潜力的影响和发动机备份成本为发动机备份量决策提供一种思路。

7.1　航空发动机使用流转过程

发动机也有寿命限制，主要分为时间寿命、日历寿命、循环次数等，发动机随其所安装的飞机使用。发动机相关的维修工作主要分为两类：①一般故障排除。一般故障排除不需要拆卸发动机，在外场或维修厂即可完成。②发动机大修或送厂检修。当发动机到达寿命时限或发生较大故障时，需要拆卸发动机并安装备用发动机，而换下的发动机将被存放在航材仓库，择机送至发动机大修厂完成相应的维修工作，待维修工作完成后，再被送回原用户单位。

发动机大修或送厂检修是航空发动机流转的主要方式，也是本章研究的重点。需返厂大修或检修的发动机在送至大修厂后，首先要判断大修厂维修生产线是否空闲，如果空闲，则进行大修；否则，进入排队等待状态，直到大修生产线空闲。流程如图 7-1 所示。

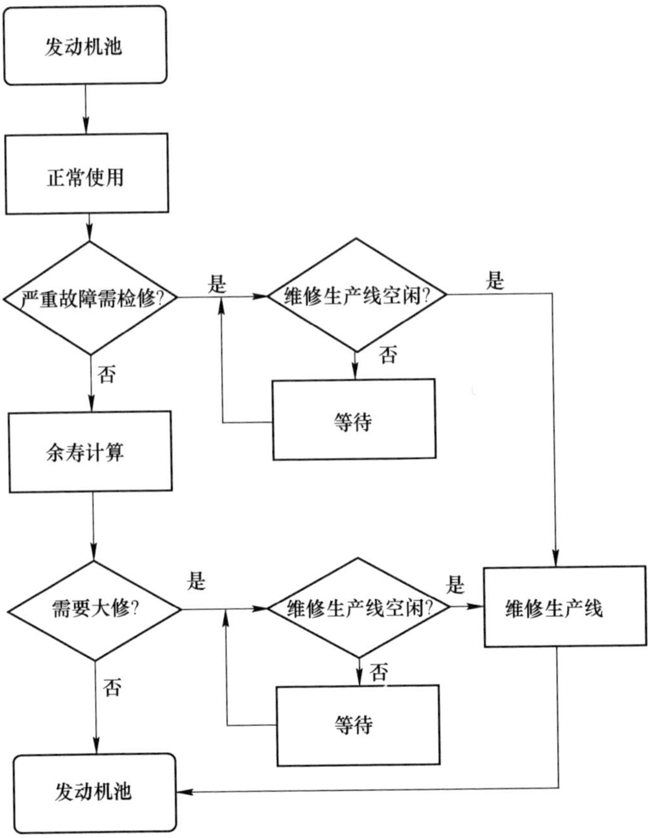

图 7-1　发动机使用流转流程图

7.2 发动机影响飞机完好的仿真

没有足够的航空发动机，飞机的出动能力会受到很大影响。因此，足够的航空发动机备份量，是保障飞机顺利遂行战训任务的关键之一。但如果储备过多，必定造成发动机积压，资源浪费；储备过少，则会出现飞机缺发停飞，导致飞机完好率下降。下面基于离散事件仿真对发动机送厂维修过程及其对飞机完好的影响进行仿真建模。

7.2.1 仿真系统要素分析

在发动机维修过程中，会发生一系列事件改变该系统的相关状态，如发动机大修和故障检修都是在一些离散时间上发生的，同时由于发动机结构复杂，寿命使用消耗受多种不确定因素影响，所以，发动机维修过程可以看成是一个离散事件系统。

要对发动机维修过程进行仿真，首先要明确该系统所包含的各个要素代表的含义。

（1）实体

在该维修系统中，实体为发动机、发动机大修厂维修生产线，其中发动机为临时实体，大修厂维修生产线为永久实体。发动机池是指用户所拥有的所有发动机。

（2）事件

发动机送厂和出厂原因可以分为：发动机大修送厂、发动机故障检修送厂、发动机大修归队、发动机故障检修归队、发动机接受维修。其中，发动机大修送厂的事件触发条件为发动机池中有发动机阶段剩余寿命用尽，即仿真时钟到达大修时间；发动机故障检修送厂的事件触发条件为发动机池中有发动机发生故障，即仿真时钟到达故障检修时间；发动机大修归队的事件触发条件是该发动机接受维修时间达到大修周期长度，即仿真时钟到达大修归队时间；发动机故障检修归队的事件触发条件是该发动机接受维修时间达到检修周期长度，即仿真时钟到达检修归队时间；发动机接受维修的事件触发条件是该发动机处于队列的最前面，而且有维修生产线为空闲状态。

（3）队列

该系统的队列是由大修待维修发动机和故障待维修发动机组成，并且按照一定的规则组成队列。这里待维修发动机按照“先来先服务”（FIFO）的规则进行排队。

（4）时钟

离散事件仿真系统的仿真时钟用于表示时间的变化，仿真时间的变化大小取决于仿真步长，而仿真步长大小取决于各个事件的时间。在发动机维修系统中，能使仿真时间发生变化的是发动机进厂事件、发动机接受维修事件、发动机完成维修事件、发动机出厂事件，而仿真步长取决于大修、送厂检修时间、发动机使用情况。

（5）统计计数器

本模型的目的是分析不同发动机备份量对飞机完好率的影响，而飞机完好情况受到在厂维修发动机的影响，所以要统计仿真时刻对应的维修等待量、正在维修量、维修队长、备份量、时钟差、累计大修次数、累计送厂检修次数等，从而求出飞机的完好架日，最终求出飞机完好率。

飞机完好率计算公式为

$$飞机完好率=\frac{实有飞机架日-不完好架日}{实有飞机架日}\times 100\% \quad (7-1)$$

本章只考虑发动机对飞机完好率的影响，因此可以定义“不完好架日”是指由于缺发动机导致的飞机不完好架日，定义

$$缺发动机导致飞机不完好率=\frac{飞机缺发停飞架日}{实有飞机架日}\times 100\% \quad (7-2)$$

可以得到

$$飞机完好率=1-缺发动机导致飞机不完好率 \quad (7-3)$$

发动机总量=装机发动机量+送厂维修发动机量+发动机备份量。当飞机缺少发动机时，发动机备份量为零，此时有：装机发动机数=发动机总数－送厂维修发动机量。若以发动机维修稳态结果的队列平均长度作为平均送厂维修发动机数，则有

$$装机发动机数=发动机总量-L_S \quad (7-4)$$

发动机能够保障完好的飞机数量为

$$发动机保障飞机数=\frac{发动机总量}{单机装发量} \quad (7-5)$$

式中，L_S 为发动机送厂维修队列长度。当飞机为多发飞机时，发动机保障飞机可能不为整数，应向下取整。

7.2.2 仿真模型

根据以上分析，可以建立发动机送厂维修仿真模型，如图 7-2 所示。

系统初始化模块：这个模块主要对发动机机群数量、大修以及故障检修规律进行设定，包括大修间隔时间、定检间隔时间、

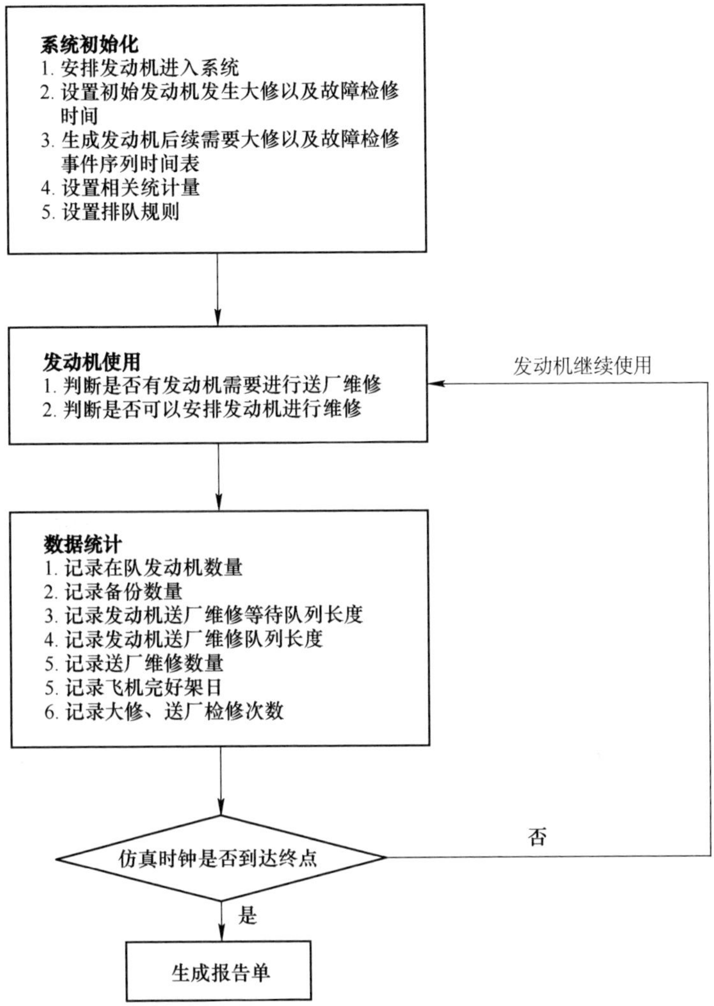

图 7-2　发动机送厂维修仿真过程示意图

大修周期、定检周期，生成首次发动机大修送厂、发动机检修送厂发生时间表，以及后续发动机大修送厂、发动机故障检修送厂发生时间表，仿真时钟初始化，设置等待维修数量为 0，正在维修数量为 0，备份量为 0，设置排队队列规则。

发动机使用模块：判断各个事件是否发生；模块主要负责判断服务台数量是否为 0；安排发动机进行维修，并生成每台进行维修发动机的完成维修时间，安排发动机归队。具体过程为：当发动机送厂事件发生时，等待维修数量加 1；当发动机归队事件发生时，正在维修数量减 1；当发动机接受维修事件发生时，队列减 1，正在维修数量加 1。

仿真控制模块：这个模块负责控制仿真的循环条件，本模型以仿真次数作为终止运行的条件。

数据统计模块：这个模块负责统计模型所要求的各类数据，当备份量小于 0 时，说明没有足够的发动机装机，造成了飞机停飞，所以可以求得完好飞机的架数。本模型统计备份量小于 0 的天数，即不完好架日的天数。时钟差指的是本次事件与上一事件发生的时间差。

生成报告单模块：这个模块负责生成结果，以供决策参考。首先将仿真运行多次得到的生成备份量与飞机完好率进行结果处理，本模型采用求平均值的方式对结果进行处理，即求仿真多次的不同备份量对应的完好率的平均值，得到备份量与飞机完好率的关系。

7.2.3 实例验证

7.2.3.1 仿真应用

考虑如下场景：某单位有飞机 10 架，飞机为单发飞机，年飞行小时数为 1200h，发动机平均阶段寿命为 400h，故障检修率为 0.01 台/时。求不同备份量下飞机的完好率。

假定发动机大修送厂间隔 $H_{大修送} \sim N(127, 3)$，故障检修送厂间隔 $H_{检修送} \sim N(30, 2)$，大修周期 $H_{大修} \sim N(120, 3)$，故障检修周期 $H_{检修} \sim N(60, 3)$，以上时间单位为天。大修厂有 3 条生产线。

以 3 年为仿真运行时长，以天为仿真时钟最小单位，每次仿真运行时，记录发动机维修队列长度、飞机不完好架日，最后求得因缺发导致飞机不完好率。

（1）利用随机数生成器生成首次大修或者送厂检修的时间，部分数据如表 7-1 所示。

表 7-1　首次送厂维修时间表

首次大修送厂的时间/天	首次故障检修送厂的时间/天
60	15
45	23
13	20
…	…

（2）利用随机数生成器随机生成 3 年内每两台发动机的大修间隔时间、故障送厂间隔时间，以及每台发动机送厂后所需的维修周期，部分数据如表 7-2 所示。

表 7-2　送修间隔及维修周期时间表

大修间隔/天	大修周期/天	检修间隔/天	检修周期/天
128	117	30	59
130	119	29	60
125	115	27	60
129	120	33	60
132	115	29	60
134	117	27	57
127	115	31	62
…	…	…	…

（3）根据发动机首次送厂的时间以及大修与检修送厂的时间，可以按照先后顺序得到发动机送厂时间表，部分数据如表 7-3 所示。

表 7-3　发动机送厂时间表

大修送厂时间/天	检修送厂时间/天	送厂时间/天
60	15	0
188	45	15
318	74	45
443	101	60
572	134	74
704	163	101
838	190	134
…	…	…

（4）根据事件发生时间，不断推进仿真时钟，并记录维修等待量、正在维修量、维修队长、时钟差等信息，部分数据如表 7-4 所示。

表 7-4　仿真数据统计表

仿真时钟/天	维修等待量/台	正在维修量/台	维修队长/台	时钟差/天
0	0	0	0	15
15	0	1	1	30
45	0	2	2	15
60	0	3	3	14

表 7-4（续）

仿真时钟/天	维修等待量/台	正在维修量/台	维修队长/台	时钟差/天
74	0	3	3	27
101	1	3	4	4
105	0	3	3	29
134	0	3	3	29
163	1	3	4	14
177	0	3	3	11
188	1	3	4	2
190	2	3	5	4
194	1	3	4	27
…	…	…	…	…

可以看出，随着仿真的不断推进，大修厂维修生产线逐渐达到满载状态，维修队列逐渐增长。

计算在不同初始备份数量条件下，不同仿真时钟库存备份发动机数量的变化，当备份量为负数时，则说明有飞机因缺少发动机而停飞，部分数据如表 7-5 所示。

表 7-5　不同仿真时刻备份量表

时钟/天	备份量/台														
	1	2	3	4	5	6	7	8	9	10	11	12	13	14	15
0	1	2	3	4	5	6	7	8	9	10	11	12	13	14	15
15	0	1	2	3	4	5	6	7	8	9	10	11	12	13	14

表 7-5（续）

时钟/天	备份量/台														
	1	2	3	4	5	6	7	8	9	10	11	12	13	14	15
45	-1	0	1	2	3	4	5	6	7	8	9	10	11	12	13
60	-2	-1	0	1	2	3	4	5	6	7	8	9	10	11	12
74	-2	-1	0	1	2	3	4	5	6	7	8	9	10	11	12
101	-3	-2	-1	0	1	2	3	4	5	6	7	8	9	10	11
…	…	…	…	…	…	…	…	…	…	…	…	…	…	…	…

计算不同备份数量下的累计飞机完好架日、不完好架日，并计算飞机完好率，可得到不同备份量对应的飞机不完好率情况，如表 7-6 所示。

表 7-6　飞机不完好率表

发动机备份量/台	1	2	3	4	5	6	7	8
缺发导致飞机不完好率/%	75. 26	65. 67	56. 22	47. 77	39. 92	32. 64	26. 2	20. 37
发动机备份量/台	9	10	11	12	13	14	15	
缺发导致飞机不完好率/%	15. 42	10. 99	7. 24	4. 36	2. 00	0. 64	0. 02	

7.2.3.2　结果分析

在不同发动机备份量的情况下，多次运行仿真模型，计算各次仿真得到的飞机完好率的平均值，可以得到发动机备份量与飞机完好率之间关系的拟合曲线图，如图 7-3 所示。

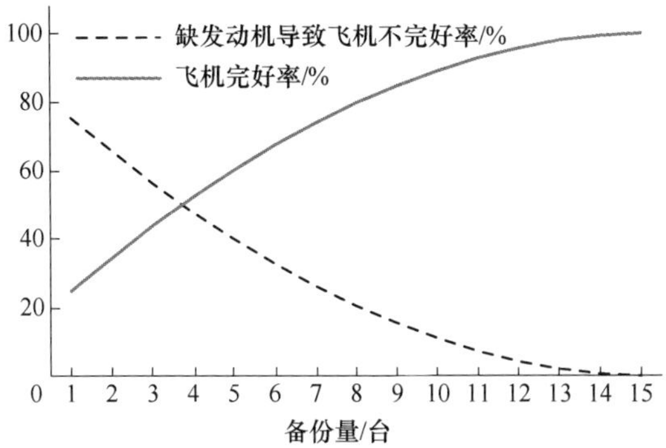

图 7-3　飞机完好率变化曲线

从图中可以看出不同发动机备份量下对应的飞机完好率：随着备份量的增大，因缺发导致的飞机不完好率逐步降低，飞机完好率逐渐提高，但是增长速率在不断下降。对于仿真案例，当发动机备份量达到 12 台时，飞机完好率接近 95.64%。

7.3　发动机备份量决策

根据日常保障经验可知，发动机备份量越大，缺发停飞的风险越小，越利于保持和提高飞机完好率。但保障资源通常是受限的，随着发动机备份量的提升，所花费的资金就越多，所占用仓储等资源也越多。因此，需要一个系统性的方法来进行发动机备份量决策。

7.3.1　备份量决策考虑的因素

确定发动机备份量时，最需要考虑的是备份发动机成本和飞机完好率。

（1）成本

发动机备份量不同，会导致采购成本、储存成本等不同。备份量为 i 时，发动机的总成本包括采购成本、存储成本、大修成本、检修成本。其中，采购成本为一次性成本，存储成本随时间延长而持续增长，大修、检修成本随送厂大修、检修次数增加而增加。

$$C_{总i} = C_{发} \times i + C_{存储} \times i + C_{大修} \times n_{大修i} + C_{检修} \times n_{检修i} \quad (7-6)$$

式中：$C_{总i}$——备份量为 i 时对应的总成本；

$C_{发}$——采购一台发动机的费用；

$C_{存储}$——存储一台发动机所花费的费用；

$C_{大修}$——大修一次所花费的费用；

$n_{大修i}$——备份量为 i 时对应的大修维修次数；

$C_{检修}$——送厂检修一次所花费的费用；

$n_{检修i}$——备份量为 i 时对应的检修维修次数。

从长期看，不同发动机备份量下，发动机送厂大修次数、检修次数虽有不同，但实际中由于缺发导致飞机完好率不能过低，因此，可以近似认为发动机送厂大修次数、检修次数基本固定，在考虑 $C_{总i}$时可以忽略该影响。

由此式（7-6）可以近似为

$$C_{总i} = C_{发} \times i + C_{存储} \times i \quad (7-7)$$

（2）飞机完好率

根据日常保障经验和仿真结果，在同等条件下，发动机备份量越多，缺发动机导致飞机不完好率越低，飞机完好率越高，但是随着发动机备份量的增加，缺发动机导致飞机不完好率的降低速率是逐渐降低的，最终趋于零。

7.3.2 发动机备份量决策方法

在进行发动机备份量决策时，可能受制于资金，也可能受制于飞机完好率。

（1）受制于资金

若资金制约比较大，通常按照如下步骤进行决策：

①确定所要达到的某一最低的飞机完好率。

②根据所要决策单位的具体情况，包括飞机数量、单机装发数量等，仿真得到该单位发动机备份量/飞机完好率的数据（如表 7-6 所示）。

③从表中选取满足 $F_i \geqslant F_L$ 的备份量 i 的最小值 i_L，根据式（7-7）或式（7-6）（视制约资金的类型而定），得到备份量 i 对应的费用 $C_{总i}$。

④根据不同情况进行处理。

a. 若 $C_{总iL}>C$（C 为可提供资金），则在飞机完好率不低于 F_L 的条件下，无可行解。

b. 若 $C_{总iL}=C$，则在飞机完好率不低于 F_L 的条件下，有可行解，备份量为 i_L。

c. 若 $C_{总iL}<C$，则在飞机完好率不低于 F_L 的条件下，有可行解。可用尝试法得出满足 $C_{总i} \leqslant C$ 条件的 i 的所有值，这些值均满足发动机备份量需求，但当 i 最小时，满足最低完好率 F_L 的前提下经济性最高，当 i 最大时，在充分利用资金的情况下完好率最高。

（2）受制于飞机完好率

若受限考虑达到某一最低完好率，通常按照如下步骤进行决策：

①确定所能提供的资金上限。

②根据所要决策单位的具体情况，包括飞机数量、单机装发数量等，仿真得到该单位发动机备份量/飞机完好率的数据（如表 7-6 所示）。

③从表中选取满足 $F_i \geqslant F_L$ 的备份量 i 的最小值 i_L，根据式（7-7）或式（7-6）（视制约资金的类型而定），得到备份量 i 对应的费用 $C_{总i}$。

④根据不同情况进行处理。

a. 若 $C_{总iL}>C_U$，则在资金不超过 C_U 的条件下，无可行解。

b. 若 $C_{总iL}=C_U$，则在资金不超过 C_U 的条件下，有可行解，备份量为 i_L。

c. 若 $C_{总iL}<C_U$，则在飞机完好率不低于 F_L 的条件下，有可行解。可用尝试法得出满足 $C_{总iL}<C_U$ 条件的 i 的所有值，这些值均满足发动机备份量需求，但当 i 最小时，在满足最低完好率 F_L 的前提下经济性最高，当 i 最大时，在充分利用资金的情况下完好率最高。

（3）受制于飞机完好率提升潜力

对于某一具体单位发动机保障而言，可以定义单台发动机飞机完好率提升潜力

$$V_i = F_{i+1} - F_i \tag{7-8}$$

式中：i——发动机备份量；

V_i——备份量由 i 再增加 1 时，可以获得的飞机完好率的提升量；

F_{i+1}、F_i——备份量为 $i+1$、i 时对应的飞机完好率。

当经济性相关数据不易获取时，可以以单台备用发动机提升飞机完好率指标作为决策依据。此时的决策过程为：

①确定所要达到的某一最低的飞机完好率 F_L、单台发动机飞机完好率提升潜力 V_L。

②根据所要决策单位的具体情况，包括飞机数量、单机装发数量等，仿真得到该单位发动机备份量/飞机完好率的数据（如表 7-6 所示）。

③从表中选取满足 $F_i \geqslant F_L$ 的备份量 i 的最小值 i_L。

④根据不同情况进行处理。

a. 若 $V_{iL} < V_L$，则在飞机完好率不低于 F_L 的条件下，无可行解。

b. 若 $V_{iL} = V_L$，则在飞机完好率不低于 F_L 的条件下，有可行解，备份量为 i_L。

c. 若 $V_{iL} > V_L$，则在飞机完好率不低于 F_L 的条件下，有可行解。可用尝试法得出满足 $V_{iL} > L$ 条件的 i 的所有值，这些值均满足发动机备份量需求，但当 i 最小时，满足最低完好率和完好率提升潜力要求的最小发动机备份量，当 i 最大时，是在满足完好率提升潜力 V_L 的前提下飞机完好率最高。

参 考 文 献

[1] 郑东良，王坚浩．装备维修管理［M］．北京：北京航空航天大学出版社，2021.

[2] 陈军生．军事装备保障学［M］．北京：国防大学出版社，2018.

[3] 陈永成．装备保障工程学［M］．北京：国防工业出版社，2013.

[4] 李智舜．军事装备保障学教程［M］．北京：军事科学出版社，2012.

[5] 郑东良．装备保障概论［M］．北京：北京航空航天大学出版社，2017.

[6] 凌海峰，苏正炼，孙志丹，等．装备管理信息系统开发及应用［M］．北京：北京航空航天大学出版社，2019.

[7] 苏艳．航空保障技术与工程导论［M］．北京：北京航空航天大学出版社，2019.

[8] 全军军事术语管理委员会，军事科学院．中国人民解放军军语（全本）［M］．北京：军事科学出版社，2011.

[9] 国防科学技术工业委员会．GZB/Z 768A—1998. 故障树分析指南［S］．北京：航空工业出版社，1998.

[10] 张凤鸣，惠晓滨．武器装备数据挖掘技术［M］．北京：国防工业出版社，2017.

[11] 贾宝惠，孙荣荣，王宇鑫．民机系统维修任务间隔确定方法研究［J］．机械设计与制造，2017（2）：145-148.

[12] 罗航．故障树分析的若干问题研究［D］．成都：电子科技大学，2011.

[13] 罗新冲．基于模糊故障树和事件树的柴油机可靠性分析［D］．南昌：江西理工大学，2013.

[14] 宋廷山．应用统计学［M］．北京：清华大学出版社，2018.

[15] 苏思雨，孙有朝．民机运营阶段机械基础件可靠性数据采集与管理［J］．测控技术，2022，41（3）：55-61.

[16] 贾向军，朱世界，李爱兵．多寿命指标控制下飞机梯次使用控制方法初探［J］．海军航空工程技术，2006（4）：66.

[17] 吴林卓．航空装备使用阶段故障信息分析技术研究［D］．西安：空军工程大学，2022.

[18] 赵铮．飞机故障信息管理系统的研究与开发［D］．南京：南京航空航天大学，2013.

[19] 江书豪．考虑多因素的增强故障树及其应用［D］．西安：空军工程大学，2016.

[20] 王悦．浅谈航空公司发动机机队的梯次管理［J］．航空维修与工程，2011，32（5）：84-86.

[21] 王智，王磊，王蔚．飞机结构疲劳寿命与单机寿命监控管理［J］．航空维修工程，2011（4）：24-26.

[22] 杨茂盛，杨炳恒，毕玉泉，等．环境条件下军用飞机使用寿命研究［J］．新技术新工艺，2012，3（11）：92-95.

[23] 姚全，王兴宝，程韶敏．对飞机梯次使用控制的几点思考［J］．海军航空装备维修研究，2014（4）：17-18.

[24] 袁忠大，程秀全，张勇．民用航空发动机引气系统部件寿命建模［J］．航空发动机，2020，46（1）：6-11.

[25] 张建荣. 气象条件对飞机及其飞行时间的影响分析 [J]. 航空科学技术，2014，25（5）：54-56.

[26] 张乾，王远达. 考虑日历寿命的飞机梯次使用研究 [J]. 空军航空大学，2014，34（1）：33-36.

[27] 蔡复青，王戈，王悦. 基于使用与维修数据的飞机使用可靠性研究 [J]. 系统工程与电子技术，2018，40（10）：2388-2392.

[28] 高鸿斌，申肖阳. Python 数据分析技术综述 [J]. 邯郸职业技术学院学报，2018，31（4）：49-51.

[29] 陈群志，房振乾. 飞机结构日历寿命及腐蚀防护研究应关注的问题 [J]. 装备环境工程，2012，9（6）：72-73.

[30] 陈群志，康献海，刘健光，等. 军用飞机腐蚀防护与日历寿命研究 [J]. 中国表面工程，2010，23（4）：1-6.

[31] 陈鑫. 飞机大修计划管理系统的设计与研究 [D]. 西安：空军工程学院，2000.

[32] 陈跃良，张勇. 军用飞机结构日历寿命相关问题的思考 [J]. 航空工程进展，2010，1（4）：311-315.

[33] Nathan Yau. DataPoints：viaualization that means something [M]. Beijing：China Renmin University Press，2013.

[34] NathanYau. 鲜活的数据——数据可视化指南 [M]. 向怡宁，译. 北京：人民邮电出版社，2012.

[35] 陈志群，吴志超. “飞-停”对比飞机使用寿命消耗的影响研究 [J]. 装备环境工程，2012，9（1）：1-4.

[36] 崔成，徐超，赵子龙. 基于层次分析法的直升机使用寿命控制研究 [J]. 价值工程，2009（7）：88-90.

[37] 丁奕晨. 飞机梯次使用中计划使用时间确定的方法 [D]. 西安：空军工程大学，2018.

[38] 冯强，曾声奎，康锐．基于多主体的舰载机综合保障过程建模方法［J］．系统工程与电子技术，2010，32（1）：211-216.

[39] 樊子剑．飞机梯次使用状况评估方法研究［D］．西安：空军工程大学，2016.

[40] 罗环．飞机梯次状况与使用控制质量评估方法研究［D］．西安：空军工程大学，2016.

[41] 高顺川．基于威布尔分布的动态故障树定量分析方法［J］．质量与可靠性工程，2005（5）：28-31.

[42] 康凤举，杨惠珍，高立娥，等．现代仿真技术与应用［M］．北京：国防工业出版社，2006：14-15.

[43] 李军亮，滕克难，徐吉辉，等．军用飞机机群战备完好性研究［J］．现代防御技术，2017，45（3）：147-154.

[44] 李琨，汤利春．怎样合理制定飞机的梯次使用计划［J］．航空维修工程，2010（4）：18-19.

[45] 李连，刘清，苏涛．军用飞机梯次使用控制评价指标［J］．兵工自动化，2016，35（7）：73-77.

[46] 袁辉．飞机余寿梯次控制的探索与思考［J］．航空维修工程，2014（4）：16-17.

[47] 蔺国民．飞机翻修问题研究［J］．航空维修与工程，2008，7：53-55.

[48] 蔺国民．军用飞机机群继生阶段寿命与费用研究［D］．西安：西北工业大学，2005.

[49] 殷子凡．飞机机群寿命补充与消耗问题的建模与仿真分析［D］．西安：空军工程大学，2019.

[50] 秦天保，王岩峰．面向应用的仿真建模与分析——使用 ExtendSim［M］．北京：清华大学出版社，2009.

[51] 孙寒冰，徐宗昌，石文华．基于Simio平台的装甲装备战场抢修组织实施过程仿真［J］．系统仿真学报，2011，23（S1）：323-326.
[52] 汤洪涛，苏丹丹．Simio系统建模与仿真中文教程［M］．杭州：浙江工业大学，2015.
[53] 王如根．飞机、发动机梯次使用方法研究——多种因素的层次分析法［D］．西安：空军工程大学，2012.
[54] 王毅，徐成杰，梁伟，等．基于多目标规划的飞机使用计划模型研究［J］．长春工业大学学报（自然科学版），2009，30（1）：73-77.
[55] Dennis P. 系统仿真-Simio手册［M］．SimioLLC，2015.
[56] Jeffrey A J，Stephen D R. 互动学习仿真建模：Simio操作指南［M］．李英德，周峥，译．North Carolina State University，2010.
[57] 张学斌，陈云翔，王超，等．军用航空发动机大修能力评估方法［J］．火力与指挥控制，2016，41（1）：37-40.
[58] 桑龙，薛文国．军用飞机大修过程质量控制方法研究［J］．航空维修与工程，2016（2）：68-70.
[59] 陈振，贾晓亮．不确定条件下航空发动机大修周期预测方法［J］．计算机集成制造系统，2018，24（2）：281-289.
[60] 段宝君，孙志安，张恒喜．航空发动机备份量面向对象仿真研究［J］．指挥技术学院学报，2000，11（6）：34-38.
[61] 吴学辉，陶增元．多型航空发动机备份量的决策方法［J］．航空发动机，2005，31（1）：40-43.
[62] 刘扬．备用航空发动机数量确定方法研究［D］．西安：空军工程大学，2022.
[63] 何立武．备份航空发动机和教练机数量计算方法［J］．航空学报，1996，17（3）：383-384.

[64] 毛海涛，周圣林，吕日毅．航空发动机备份数量需求模型的研究［J］．航空维修工程，2009，(2)：44-46.

[65] 白芳，左洪福．基于调度计划的航空发动机备份数量决策方法研究［J］．机械科学与技术，2009，28（1）：92-97.

[66] 吴学辉，陶增元．多型航空发动机备份量的决策方法［J］．航空发动机，2005，31（1）：40-43.

[67] 解江，马利，江洋溢，等．军用航空发动机采购决策支持系统研究［J］．航空维修与工程，2006（3）：55-57.

[68] 李绍武，李文，黄泰坤．基于 SIMIO 的航道通过能力仿真研究［J］．中国港湾建设，2014，(3)：9-12，36.

[69] 黄鹂诗．基于 SIMIO 的机坪车辆调度仿真研究［D］．南京：南京航空航天大学，2013.